強い！日拳

日本拳法を学ぶ

日本拳法連盟首席師範
土肥 豊

BAB JAPAN

はじめに

私は日本拳法に入門し、稽古や指導に携わって60有余年も経ち、若いと思っていた年齢も80歳となりました。この長い拳法歴を振り返ってみますと、私にとって拳法とは、時には人生の師でもあり、掛け替えのない友と思って接してきました。

この友は、私に拳法を通し色々な教訓を与えてくれました。中でも試合に参加し、勝てる相手と対戦し負けたりすると思いっきり挫折感を味わわせ、それでいて決して手は貸してくれないという厳しい面があります。それでも大会などで優勝を果たすと、大きな喜びや感動、さらには勇気と力を与えてくれます。

私はこの友から人生の中で色々と生きるためのヒントを得ています。例えば、物事に取り組む姿勢は、拳法での上達はもちろんのこと、人生における理想像を与えてくれます。しかし、時には厳しい体験を通して学び直さなければなりません。

私が入門したのは、昭和35（1960）年4月で、当時、日本拳法協会本部道場が東急東横線の中目黒駅近くにありました。師範の森良之祐先生は、昭和28（1953）年9月、日本拳法の創始者・澤山勝（宗海《むねかみ》）宗家から要請を受け、東京へ普及するために上京しました。その後、昭和29（1954）年11月、澤山宗家から東京に於ける日本拳法を一任されました。

昭和 58 年頃、渋谷公道館にて

森先生の拳法普及に対する情熱や志、格闘技としての強さの頂点を目指す心意気は絶大なるものでした。まさに血気盛んで、独自の指導理念を打ち出し、自ら創作した形を通して私を始めとする内弟子を指導され、大会等での形演武者としても鍛え上げてくれました。

また、森先生は、形の修練によって、防具実技においての技術向上がどれだけ図れるのか、競技においても優れた選手に育つのか、実際に試みられました。そのおかげで、森先生の理想とする拳法技術に近づく道場生になれ、指導者の道に進むことができました。

澤山宗家が創作した搏撃《はくげき》の形等が「静」であれば、森先生は「動」の形として、防具実技により一層適した形（地撃之形・水撃之形など）を多く創作されました。

また、森先生は、日本拳法を普及するために関東の大学に、多くのクラブを作りました。さらに自衛隊に普及することで、修練練度に勝っている自衛隊員によって、徒手格闘としての日本拳法の技術体系が強堅であることを世に知らしめてくれました。

この素晴らしい日本拳法の技術体系を受け継いだ者として、後進修練者の参考になればと考え、本書を執筆いたしました。

押さえ込み面突を決める好機（左が著者。昭和 41 年、後楽園ホールで行われた全日本拳法選手権大会にて）

CONTENTS

序章

拳法のルーツ

日本における徒手格闘の沿革

拳法のルーツを遡ると、古事記や日本書紀に神様同士の国譲りの闘いがあり、その闘いが記されている。その闘い方は古代相撲と呼ばれ、今の投げや押し相撲と大きく違い、角力《すまい》という。その闘い方は突き打ち蹴り、組んで投げて関節を取ったりと、死をも覚悟の闘いであった。

古事記によると、天照大神《あまてらすおおかみ》（高天原《たかまがはら》）が大国主神《おおくにぬしのかみ》（出雲《いづも》）に国にゆずりを申し込んだ。高天原より使者である武甕槌命《たけみかづちのみこと》と、出雲は大国主の息子である建御名方《たけみなかた》神《のかみ》の闘いが有名である。

また、日本書紀では垂仁天皇のときに

野見宿祢が当麻蹴速の腰を踏み折ったとされる。

初めての天覧試合が行われ、闘ったのは当時の強さでは第一人者を誇っていた当麻蹴《たいまのけ》速《はや》で、身の丈7尺5寸という規格外の大男。もう一方は、出雲出身である野見宿祢《のみのすくね》であり、この二人が対戦した。この宿祢のほうも身長6尺5寸と現代人と比較しても立派な体格であった。

両者が蹴り合って勝負を始めた結果、宿祢が蹴速の脇骨を蹴り折り、なおも上から腰を踏み折って殺したと伝えられている。この闘いだけ見ると日本拳法と似ている。

日本拳法の歩み

澤山勝（宗海）宗家

昭和の初め、武道専門学校（京都）出身の大阪府警察本部柔道師範・黒山高麿（洪火会会長・1895～1977）は、柔術諸流派に伝わる当身《あてみ》技が滅亡寸前にあることを残念に思い、当時、関西大学柔道部学生であった澤山勝（号：宗海　1906～

1977）に当身技の復活と、安全な練習法の研究を要請した。

日本拳法の創始は、昭和初期、わが国において衰退していた拳の格技の探求に始まった。続いて従来の形稽古から脱し、拳足の自由な撃ち合い稽古に新天地を求めていく。そこで適切な防具を考案し、防具を着装する今の乱稽古を創案することによって成しとげられた。

大阪市天王区の洪火会本部道場の前で練習（日本拳法草創期）

つまり、最も実際的な拳の格技、言いかえると、技法の真実を修練しようとするところに、その創始の趣旨がある。
実際に役立つ格技を修練するには、どうしても自由に撃ち合う稽古をする必要がある。そこで、澤山先生は数名の助手を相手に、自由に撃ち合う稽古を工夫考案したのである。

お互いに拳足を相手の体に当てないように、その寸前で止める空撃をもって、撃ち合いをすることにした。そこで、まず、昭和5（1930）年に約束組手・自由組手・真剣組手の三つの稽古法を、澤山先生自身が創案し、これらの名称も付けた。

◎約束組手

「約束組手」とは、お互いに、突き打ち蹴りの当身技と、面や胴の当身する箇所を定めておいて、その約束のもとに行う形様式の稽古法である。形と異なるところは、その約束が不特定であること、攻防が連続的に繋がりをもって行われるところにある。

◎自由組手

「自由組手」では、当身技を自由に撃ち込み、また、これに対する防技も反撃技も自由に行うが、当身技の拳足に「引き」を入れないで、相手が防技を行ってから引くようにする。これは、「後の先」を取る稽古を主眼とするものである。

◎真剣組手

「真剣組手」とは、当身技に「引き」を入れて、空撃をもって、お互い自由に撃ち合いをする稽古法である。

ところが当初、自由組手と真剣組手とは区別していたが、自由組手に熱が入ってくると、いつの間にか、真剣組手に変わってしまった。そのために自由組手と真剣組手をまとめて、「自由組手」と呼ぶようになった。

「自由組手」の出現は、今までの拳の技法を一変させた。これに対して、形稽古一辺倒の者たちは、技形を崩すものであると批判した。しかし、それは的を射てはいなかった。彼らが『崩』と見たのは『変』であったからである。

しかし、お互いに空撃による当身稽古では、不十分なところがあり、欠点も出てくる。本当に充実した修練成果を収めるには、さらに一歩進んで防具装着による当身稽古をしなければならない。その防具装着の稽古が実現したのは、昭和9（1934）年からである。

この防具着装による稽古法に「乱稽古」という名称を付けた。その由来は、「孫子」の第五「勢篇」にある『紛紛紜紜《ふんぷんうんうん》、闘乱するも乱るべからず、渾渾沌沌《こんこんとんとん》、形円くして敗るべからず』の意によるものである。一見すると乱れのようであるが、乱れではない。相手への変化であり、戦況への自由自在な適応である。

昭和 34 年、中目黒本部道場開きでの溝内俊秀四段（明大OB）の五人掛。中央は森師範。

空撃で自由に技を繰り出す空乱稽古

また同時に、空撃をもってする自由組手を「空乱稽古」と改称した。

そして、昭和7（1932）年10月、大阪市の洪火会本部に澤山勝（宗海）を会長として、「大日本拳法会」が創立された。

拳法の東京への普及について

森良之祐最高師範

東京を中心に日本拳法を普及したのは、森良之祐（日本拳法協会最高師範、1926〜2007）で、森先生は昭和18年、日本拳法をやりたいがために郷里の阿波徳島より関西大学へ入学した。
日本拳法の東京への進出は、昭和28（1953）年6月19日、20日、東京有楽町読売ホールにて報知新聞

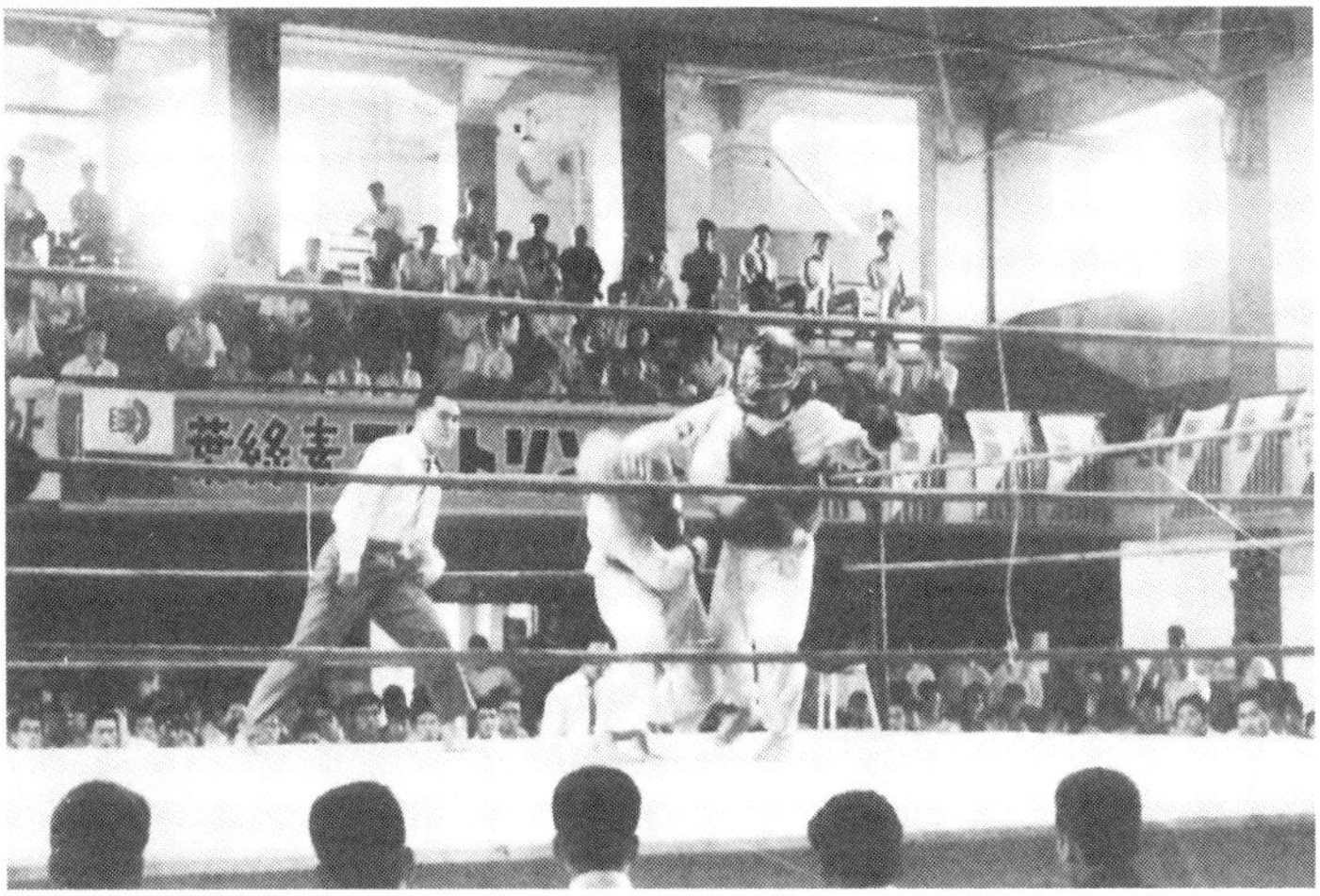

第 2 回関東大学拳法リーグ戦（昭和 35 年）での熱戦

後援のもとに開催された公開演武会であった。そして、森先生は東京普及のため、同年9月に上京する。

同年、立正大学拳法部が設立。同年10月、青山レスリング会館を練習所として東京本部（本部長・森良之祐）が発足し、普及を開始した。

昭和29（1954）年4月、慶應義塾大学、明治大学、中央大学に同好会が設立され、5月18日、東京神田駿河台の明治大学にて演武会を行う。

昭和30年（1955）年5月12日、日本拳法協会が設立される（会長・坂東舜一、師範・森良之祐、事務局長・

三田悠之)。加盟団体は、徳島支部、徳島大学、立正大学、慶應義塾大学、明治大学、中央大学、早稲田大学であった。

同年5月22日、第1回昇段級審査会を開催する。同年6月5日、関東学生拳法連盟が結成される。同年10月27日、第1回関東学生拳法リーグ戦を立正大学体育館にて開催する(1960年に日本大学が加盟して6大学になってからは、関東大学拳法リーグ戦と改名)。

その後、森先生は東京を中心に関東各県、北海道、東北、中部、中国、四国、九州地方にも普及された。そして、関東学生拳法連盟21大学、他17大学、地域クラブ支部57(除く、自衛隊)、海外(アメリカ、メキシコ、イタリア)に8団体となった。

警察への普及

昭和29(1954)年5月17日、森先生へ関東管区警察学校での日本拳法の講習依頼があり、逮捕術関係者への紹介演武を行う。当日、道場には警察高官数名と工藤一三柔道師範、小沢丘剣道師範が着席。逮捕術の講習を受ける柔剣道の先生方、百名

逮捕術研究科講師として関東管区警察学校で指導する森師範（二列目左から三人目。昭和 32 年）

余が集合した。

その後、森先生は毎年数回、関東管区警察学校へ講師として行き、またその後、昭和32（1957）年に警察大学逮捕術研究科講師となり、指導に行くこととなった。そして、柔剣道高段者の先生方に日本拳法の講義をし、実技指導を行う。

こうして、逮捕術の中の徒手術技は、日本拳法を基礎として構成されていった。

自衛隊への普及

昭和33（1958）年12月、陸上自衛隊徒手格闘教範作成審議会に、森先生は富木謙治先生（早稲田大学教授・合気道師範）とともに部外講師として参席した。そこで、基本格闘術となる、①構え、②進退と体捌《さば》き、③突き・打ち、④蹴り、⑤受け技、についての諮問《しもん》に答えた。

翌年6月「徒手格闘草案」ができ、自衛隊の教育法に基づいた訓練体系が確立した。自衛隊徒手格闘は、日本拳法をベースに、柔道・相撲の投げ技等、合気道の関節技を取り入れた内容で構成されている。その後、自衛隊体育学校を中心に各部隊の指導にあたる。

自衛隊から日本拳法の展示依頼があり、昭和44（1969）年2月1日に市ヶ谷32普通科連隊、2月28日に板妻普通科連隊、3月1日に富士学校にて、日本拳法の解説、基本技法習得のための練習方法の説明、防具稽古による実技指導の展示を行った。

昭和49（1974）年から数年間、北は旭川の第9普通科連隊から南は鹿児島の第12普通科連隊まで、5方面総監部、10師団司令部、4群団本部、10学校、47駐屯地の

日本武道館にて日本拳法をベースにした徒手格闘術が展示される（昭和44年）

他、海自2、航自2を訪問または指導を行った。

○昭和59（1984）年12月、全自衛隊徒手格闘連盟を組織

○平成23（2011）年、全自衛隊拳法連盟へ名称変更

○平成29（2017）年4月、一般社団法人 全自衛隊拳法連盟を設立

空手大家との出会いと剣道から得たヒント

澤山宗海宗家は、昭和7年の春、関西大学法学部を卒業する。関西大学では柔道部の主将を務めていたが、投げ技が中心の柔道や、当身技が形稽古主体の唐手に対して、どうにも物足りなかった。格闘技において即戦力になるのは、お互いに自由に当身技を用いることである。

糸東流唐手術の開祖・摩文仁賢和（1889～1952）

防具を着装し竹刀で撃ち合う剣道稽古

昭和の初め頃、空手はまだ「琉球拳法唐手」と呼ばれた時代に、大阪で唐手術の糸東流開祖・摩文仁賢和が澤山と縁を持った。柔道の他に古流の当身技を研究し、「新しい武道を作りたい」矢先であった澤山は、摩文仁師範を大学に招き、「唐手研究会」の看板を掲げたのが、昭和5年6月であった。しかし、練習は当然のごとく形稽古の反復が主流であり、澤山が夢想する自由な撃ち合いなど、摩文仁が許可する雰囲気にはなかった。

澤山は唐手の稽古に明け暮れ

ながら、「どうするか」を懸命に考えた。そこで澤山のヒントになったのは、剣道であった。

「今の唐手は、剣道にたとえれば木刀を使った形稽古の段階である」、剣術も真剣から刃の無い刀を使った形稽古を行うようになり、やがて木刀が採用され、袋撓《ふくろしない》の開発、竹刀の普及へと道をたどった。こうした段階を経て、今は防具を着装し竹刀で撃ち合っている。このような道のりに沿っていけば、新しい武道ができると確信を得る。

昭和7（1932）年秋、同志が百名ほど集まって、この拳の格技に「日本拳法」という名称を付け、会が結成された。そして昭和9年に防具が完成し、防具着装の稽古が始まった。

〔参考文献「昭和武闘伝」加来耕三著（出版芸術社）〕

日本拳法連盟と関係団体の沿革

○昭和62（1987）年、日本拳法連盟を設立
○平成2（1990）年、日本拳法全国連盟を設立
同全国連盟は、日本拳法連盟（東京）、日本拳法中部日本本部（名古屋）、日本拳法会（大阪）の3本部で構成される。

同全国連盟と3本部は、昇段審査・允許、指導者の育成、審判団の養成、競技大会等の事業を行う。
○平成29（2017）年2月、日本拳法競技連盟を設立
○平成31（2019）年4月、同全国連盟は、「昇段審査および允許」以外の全ての事業を同競技連盟へ移管
○令和元（2019）年6月、同競技連盟が日本スポーツ協会（JSPO）へ加盟

◎日本拳法競技連盟の加盟団体

◎允許団体（日本拳法全国連盟（日本拳法連盟、日本拳法中部日本本部、日本拳法会）、日本拳法協会、全自衛隊拳法連盟、日本拳法東北連盟）

◎職域競技連盟（社会人、事業団、大学生、高校生、少年の各連盟）

◎地域競技連盟（各都道府県連盟）

◎海外競技連盟（アメリカ、メキシコ、フランス、イギリス、イタリア、ウクライナ）

第1章

防具稽古と競技試合の確立

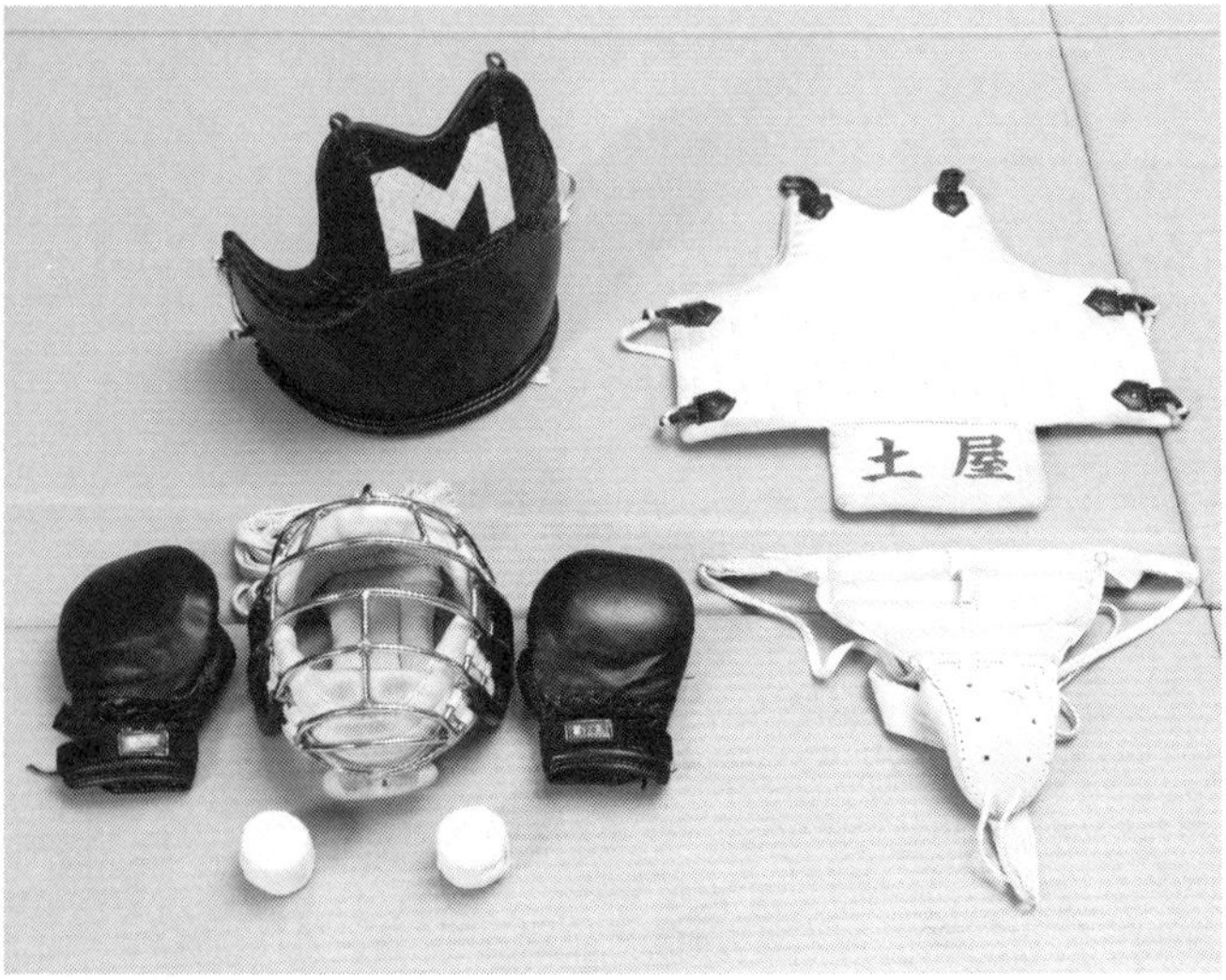
日本拳法で使用する防具一式

防具着装での乱取り稽古を開発

日本拳法は誕生して90年以上の歴史があり、本書では日本拳法の特徴を、これから拳法を始めようとする人や初心者から中級者の皆さんへ紹介する。

日本拳法が創設された昭和初期において、柔術を始めとした徒手格闘の突きや蹴り等の打撃技は、危険度が高いとされていた。そのため、形を中心とした基本稽古が行われていた。

格闘技の理想としては、究極的な強さを求めなければならない。しかし、日本拳法創設者・澤山宗海は、その考え方とかけ離れ、形の美しさや華やかさに傾く傾向に、以前より懸念を抱いていた。

実戦に適した戦い方は、誰でもがお互いに自由に打ち合い、しかも組み技ができることが望ましい。澤山宗家はそのための稽古方法を考案した。それは身体を護る機能性を備えて戦える「防具」であった。

防具を着装した状態

この徒手格闘技は、柔道の生みの親であり教育者の嘉納治五郎先生も求めていた戦い方であった。

嘉納先生は、明治15（1882）年に講道館柔道を創始した。昭和5（1930）年に第1回全日本柔道選士権が始まり、競技としての柔道が爆発的に広まりだした。その頃、熱戦を見ていた嘉納先生は、側近にこう言ったという。「まるで牛の角突き合いだ、これは私の柔道ではない。当身でみんなやられてしまう」と。

嘉納先生が思い描いていた柔道は、まず離れた間合いから殴ったり蹴ったりの当身で攻め、あるいは相手の当身を捌いて相手を捕まえ、それから投げ、そして寝技にもっていく――。それが理想とする柔道だった。

しかし、当身技をどうやって普段の乱取りに取り入れたら良いか、方法がわからなかったようで、現在のような当身のない乱取り法が競技法にも採用されたのである。

歴史を振り返ると、澤山宗家は、嘉納先生が求めていた徒手格闘技の乱取り法を独自で開発した。防具を着装することで稽古や競技を可能にした功績は、大変大きいといえるのではないだろうか。

当時開発された防具も現在ではより改善され、特に安全性にすぐれ、大の男が力いっぱい相手の顔面部を打ち、胴部を蹴り込んでも支障をきたさない。その上、打撃の他に組んでからの投技や関節逆捕技等においても防具が脱落することなく戦えることから、稽古や競技に用いられている。

防具着装により、突き蹴りを全力で繰り出せる

投技からの押さえ込み面突

そして、自衛隊では早くから日本拳法の実践的な要素を取り入れ「徒手格闘」の戦技として行われている。さらに、警察の逮捕術においても技術が応用されている。日本拳法は、安全性が高く合理性を持った格闘技として、修練者は国内だけではなく、海外16カ国においても、成人はもちろんのこと、少年や女子にも広く普及されてきている。

日本拳法を修練する目的とは

日本拳法を始めとする格闘技を学ぶ人たちの切っ掛けは様々である。

例えば、子供の頃に身体が弱く、周りの仲間から苛めにあった経験の持ち主が、その悔しさを打ち破って強くなりたいことから入門する若者は多い。

また反対に、自分の腕力に自信があり、思いっきり防具を着けて暴れてみたい衝動にかられて入門する者もいる。そして上級者に稽古をつけてもらうと、強いと思っていた自分の至らなさに気づくものである。いかに力一杯攻撃をすれども躱《かわ》されたり、逆に反撃され悔しい思いをする。そこから上を目指して強くなりたいと望むようになる。

しかし、強さだけに憧れている者の中には、短期間で強くなれると思い、そのことが不可能だと気付くと、途中で稽古が辛くなり断念してしまう練習生もいる。

だが稽古を重ねてくると、忍耐力や基礎体力が備わり身体機能が鋭敏になる。それとともに拳法の技術が向上していき、躱し技からの反撃などが身に付いてくる。すると、時には辛く厳しい防具稽古にも興味を覚え、級や段の階級も上がり帯の色が変わってくる頃には、稽古も楽しくなっているのである。

人は外面だけではなく、内面の強さも兼ね揃えなければならない。拳法の稽古では、くじけそうな自分と戦いながら、苦しい稽古を克服し、肉体や精神を逞しく鍛え上げるのが、格闘技のもつ本来の意義でもある。

このように格闘技を学ぶことは、ただ単に相手に勝る技術や強さのみを身に付けるのではなく、人間としての道徳心や礼儀作法、さらには人格を養うことにもつながる。このことは、人間を主眼とした「武道」精神が伝統として生きているからである。

一方のスポーツ競技では、体力や技術論のみに集約され、思想、宗教、哲学などの

武道である日本拳法は礼法を重視する（稽古開始時の団体礼）

精神的なことは切り離す傾向がある。

西洋の格言に「身体の鍛錬はグランドで、人格の修養は教会で」とあるが、精神・思想および道徳的なことは、宗教家や家庭での躾《しつけ》において、厳しく受け継がれている。スポーツは肉体の鍛錬と記録の更新に集約したことが、世界的に発展した所以である。

ところが今、日本拳法は「武道スポーツ」として、海外においても始める国が増えてきている。海外で指導される内容は、防具稽古を中心とした相手に挑み争い勝つ競技拳法と、日本古来の柔術的技術論（護身術も含む）、さらには武道精神論となる。これらを実践することは、肉体の強化を図るだけではなく、「心技体」を包括的に身に付ける目的を持っている。

日本拳法の競技としての稽古方法は、高校生以上と少年（小学生および中学生）に分かれている（幼年は少年に準ずる）。

◎中学3年生男子および高校生以上

所定の防具（面・同・股当て・グローブ）を着装する。

当身（搏撃）の箇所は、面金と外胴の部分、他の箇所は空撃とする。

◎小学生4年生以上、中学3年生以下（除く、中学3年生男子）

「少年ソフト面」を着装する。また、小学生4年生以上は股当てを着装する。

当身（搏撃）の箇所は、外胴部分とし、面および他の箇所は空撃とする。

少年試合では、強打が許されるのは外胴部のみ（中学３年男子は除く）

※なお、中学生以下の組技は、禁止とする。

「形稽古」や成人の「空乱稽古」は、防具稽古のような肉体的なぶつかり合いは少なく、比較的体力がなくてもできるため、年齢および性別を問わず、攻防技法の稽古に打ち込むことができる。

第2章

日本拳法の礼法

武道は人格や道徳も養う

武道では「人の交わりは礼に始まり礼に終わる」と言われている。礼とは、「相手に対する敬意の気持ちや、人格を尊重する心を形によって表現する行為である」。

形が整っていても、尊敬する心がなければ虚礼である。また、心に尊敬の念があっても、形をとらなければ、実のないものになる。心と形が整ってこそ正しい礼となる。正しい礼法は、人間関係を円滑にする重要な要素である。さらにはストレスに対して緩和を図り、脳を活性化するため、医学的な見地からも大切な要素であろう。

日本拳法の指導精神とは、「日本拳法の修練を通して、常に礼節を重んじ、心身を鍛錬し、自己の修練に努め国家社会の繁栄と国際平和に寄与すること」とある。

武道格闘技を学ぶことは、ただ単に相手を殺傷する技術を身に付けるのではなく、人格や道徳を養うことにある。

日本拳法の礼法には、立礼《りつれい》、座礼《ざれい》、蹲踞《そんきょ》の礼と大きく三つの作法がある。それぞれ説明していきたい。

立礼・座礼・蹲踞の礼

◎立礼

相手、または上座に対して、姿勢を正して立つ（両踵を付け、足先を約45〜60度に開く）。呼吸を整え心気を鎮め、背筋を伸ばし顎は軽く締め、両大腿部外側に指を自然に伸ばしておき、目線は正面に。

この姿勢から、腰を起点に頭（上体）を30度前傾させ、視線は自然に床面約1メートル先あたりに落とす。

このときの礼法のリズムは、「1」で前傾姿勢、「2」で静止し、「3」まで上体を前傾で静止して、「4」でおもむろに上体を起こす。

立礼。立位より腰を起点に30度前傾させる。

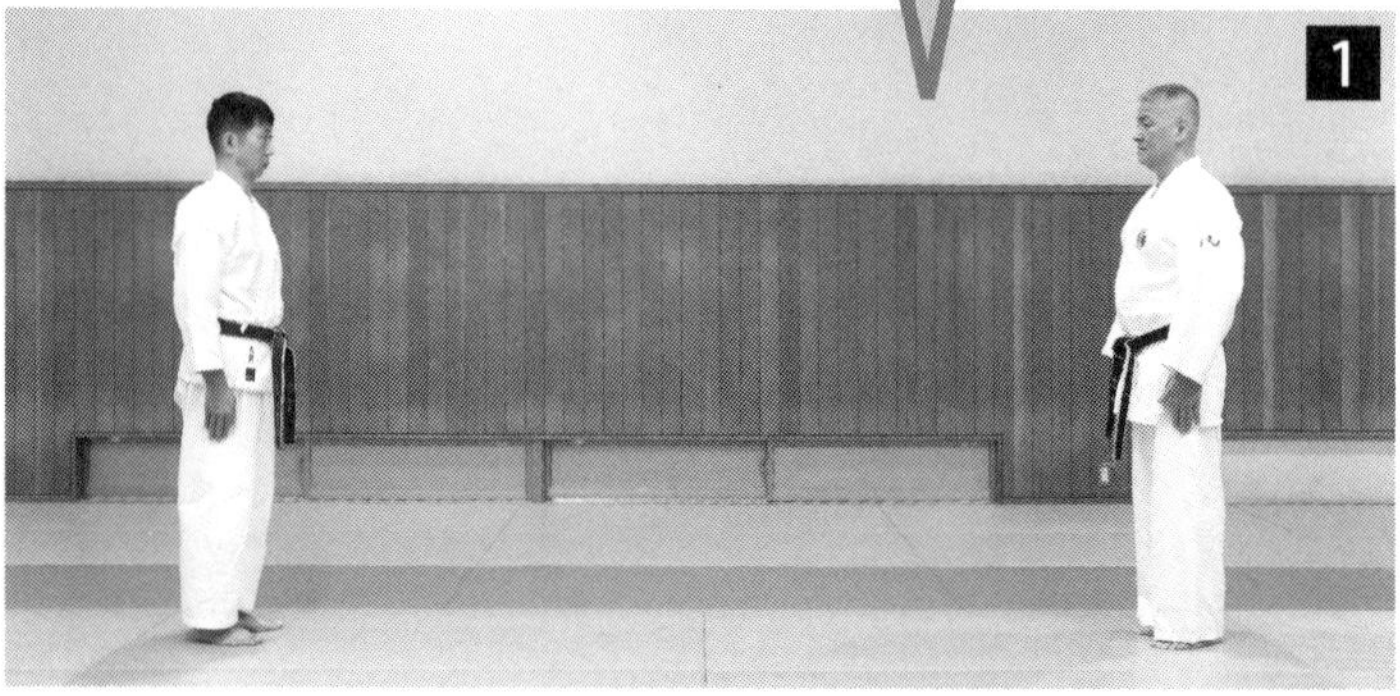

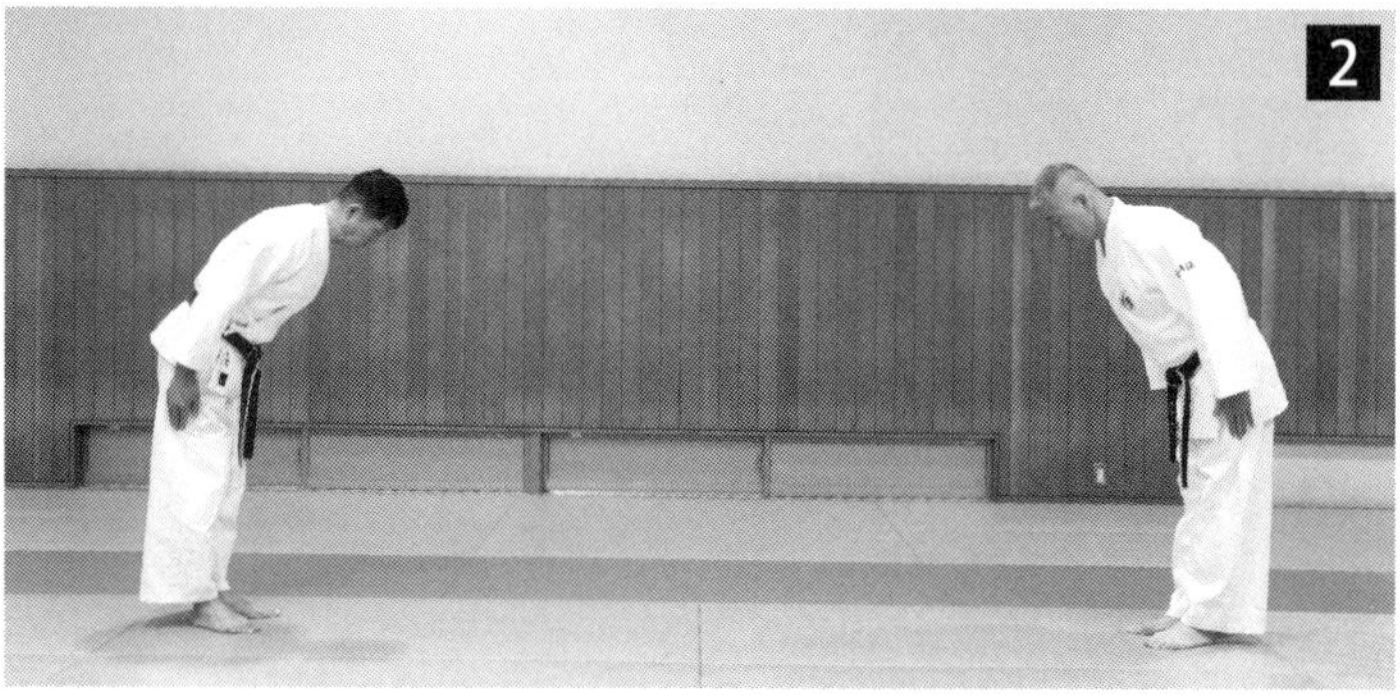

なお、上長に対する礼については、上長よりも先に自分の頭を上げぬように注意する。

◎座礼

座礼は、日本建築により生まれた畳文化を象徴する、日本人の生活様式に基づいた礼法である。

始めは、姿勢を正して立ち、次の要領で着座（正座）する。

①左足を半歩引く。
②上体を起こしたまま、左膝を床面に下ろす。
③続いて、右膝も左膝に揃え床面に下ろし、両爪先は立てる。
④両足の甲を床面につけて腰を下ろす（左右の膝の間は拳が二つほど入る間隔を空け、足の指は重ねない。ただし、女子の場合は両膝の間隔は狭めても良い）。両手は大腿上部に置く。この姿勢が着座（正座）である。

1

2

3

座礼。立位より左膝、右膝の順で下ろし、正座に移行。両手をハの字形について礼を行う。

⑤座礼するには、この姿勢より背筋を伸ばしながら、両手を前の床面に伸ばし、左右の親指と人差し指でハの字形につき、その両手の中央上に頭を下げる。顔が床面約20センチのところで止める（腰を浮かさないこと）。頭を上げ上体を起こしたならば、両手を大腿上部（太もも）に戻し、再び元の正座に返る。

⑥前記⑤の動作を、立礼と同様に、「1」前傾姿勢、「2」静止、「3」まで前傾姿勢で静止を保ち、「4」で上体を起こす。

座礼の後に立ち上がるときには、着座動作と全く逆の順序で立ち上がれば良い。まず爪先を立ててから、右膝を立てる。そのまま立ち上がり、左足を前に踏み出し、姿勢を正して立つ。

◎蹲踞の礼

試合や稽古で、相手と向き合ったときに蹲踞の礼を行う。

姿勢を正して立ち（自然立）、静かに両膝を屈し、上体を沈めて、両踵を浮かし腰

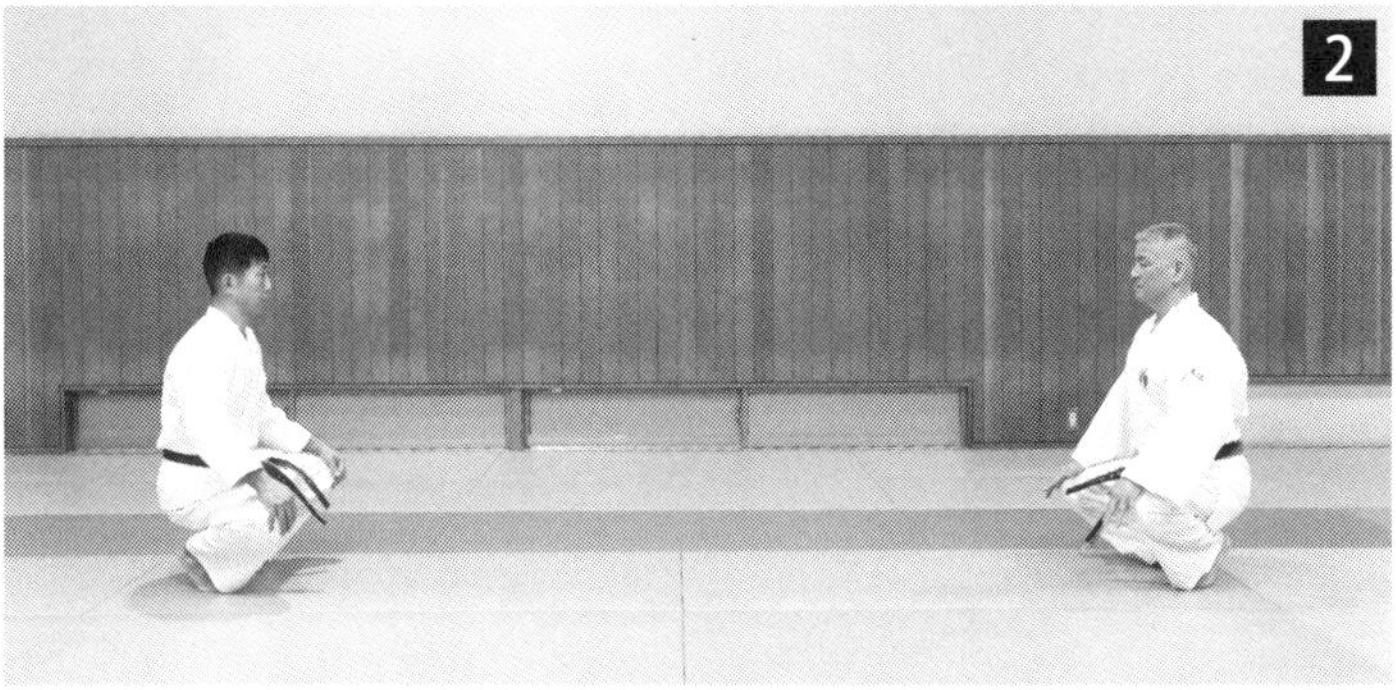

蹲踞の礼。立位より蹲踞の姿勢に移行。右拳を床に着けて礼をする。

を割り、蹲踞の姿勢をとる。

両手は両膝頭の上に自然に置いて、上体を起こす。この姿勢でお互いに正対し、呼吸を合わせて頭（上体）を静かに前に倒し、右手を軽く握って床面に下ろし着けて、礼をする。

礼が済んだならば、上体を起こして、右手を元の右膝頭の上に戻し、再び元の蹲踞の姿勢に返り、双方呼吸を合わせて静かに立ち上がる。

道場での礼法

道場という言葉は、もともと仏教から出たもので、修行僧の身を修める場所のことである。昔より武道の修練を行うところを道場と名付けたのは、単に技を習うだけではなく、精神を修め、胆力を練る場所としていたからである。

道場に入ったならば、常に神聖な場所と崇める気持ちを持ち、稽古に励む。

◎道場の出入り時における礼

道場への出入りの際は、出入り口で立礼、または座礼をする。

◎稽古開始時や終了時における団体礼

指導者と修練者はお互いに向かい合い、指導者は神仏を祭る側や国旗を掲揚する側の上座とし、修練者は反対の下座に正対して整列する。

下座の代表者の号令で、稽古始終の礼を行う。

●始礼

①黙想（号令とともに姿勢を正し、目を閉じ、止めの合図により目を開ける）

②祭神または道場に対する礼（「神前に礼」、「道場に礼」または「正面に礼」）

注：祭神があるときは、指導者は祭神のほうへ向きを変え、代表者の号令で礼をす

る、その後、指導者は向きを変えて修練者と正対する。

③指導者に対する礼（指導者よりお言葉をもらう。なお、上席の指導者が多いときには、「○○師範並びに指導者の皆様へ礼」等の号令）

④「お互いに礼」

⑤道場訓（代表者の発声の後に、全員で唱和する）

【例】日本拳法道場訓（神奈川県連盟）五箇条

一つ　**自らの志は高く持とう**

一つ　**立ち向かう勇気を養おう**

一つ　**向上心を持って学び続けよう**

一つ　**常に自分の力を出し切ろう**

一つ　**共に競える良き友を作ろう**

●終礼

①黙想
②指導者に対して礼（指導者よりお言葉をもらう）
③お互いに礼
④祭神または道場に対する礼

第3章

拳足の種類

正しい拳足の作り方

日本拳法の攻撃する技法は「拳の法」と書くように、握拳《あっけん》による突きなどの打撃技が主な働きである。その拳《こぶし》より、蹴りや投げ技などの技に変化する。

突き方でも拳を立てたり、横に伏せたりすることにより、真っ直ぐ突いたり、手首の角度によってより強く衝撃を与えたりと技術論が変わる。

また、蹴り技においても、足の裏で蹴るか足の甲で蹴るかによっても、蹴りのコースが変化する。打ち技としては、握拳だけではなく、手を開いての掌拳（掌底部）による攻撃もできる。

拳足の正しい作り方は、拳法修得の第一歩である。

手拳《しゅけん》

手拳攻撃の分類としては、「握拳」、「開掌拳」の大きく二つに分かれる。

◎握拳

●本拳《ほんけん》

手を握って拳を作り、使い方により「側拳」、「伏拳」、「仰拳」の三通りに分ける。

・側拳《そっけん》

手の甲を横に向けた拳のこと。拳を立てた構えになり、直突《ちょくづき》（ストレート）に使用する。

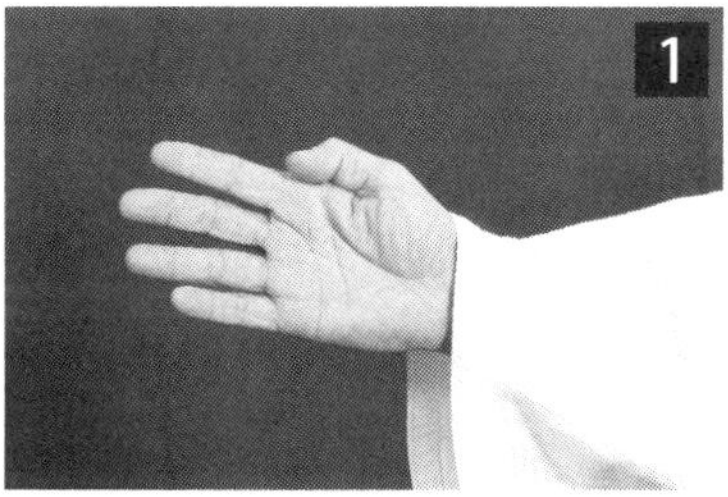

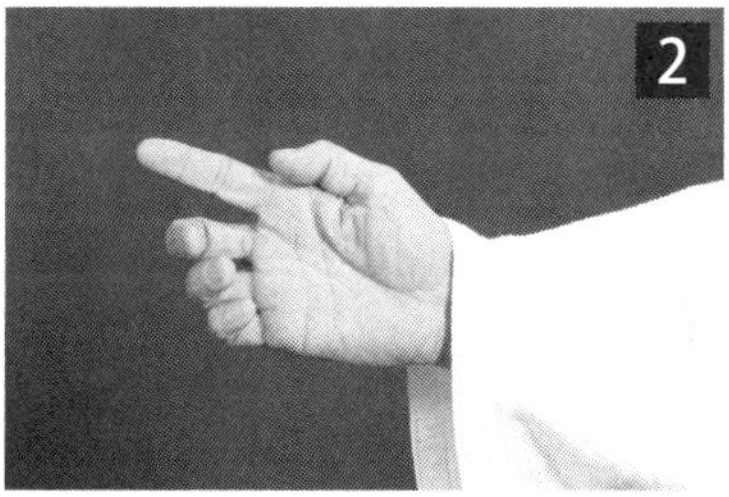

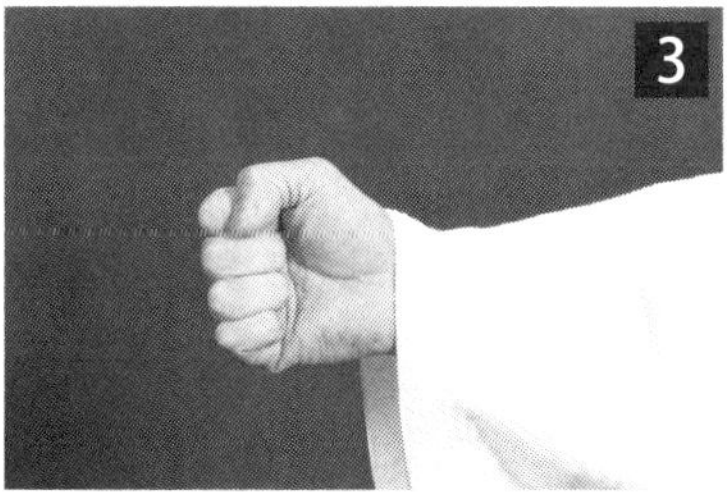

側拳は手の甲が横向きになる。小指側から四指を曲げ、親指も握り込む。

・伏拳《ふせけん》

手の甲を上に向け、拳を寝かせた状態のこと。直突や、波動突、さらには、横打《よこうち》(フック)にも使用する。

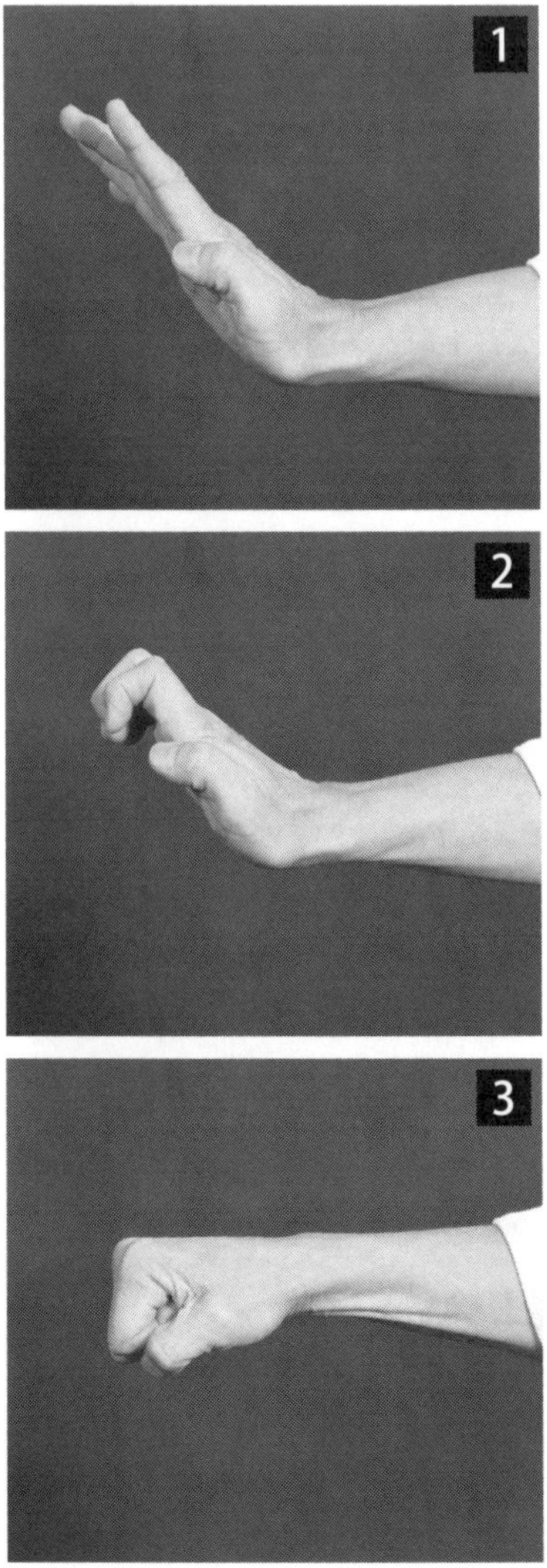

伏拳は手の甲が上向きになる。指先から曲げ、最後に手首が真っ直ぐになる。

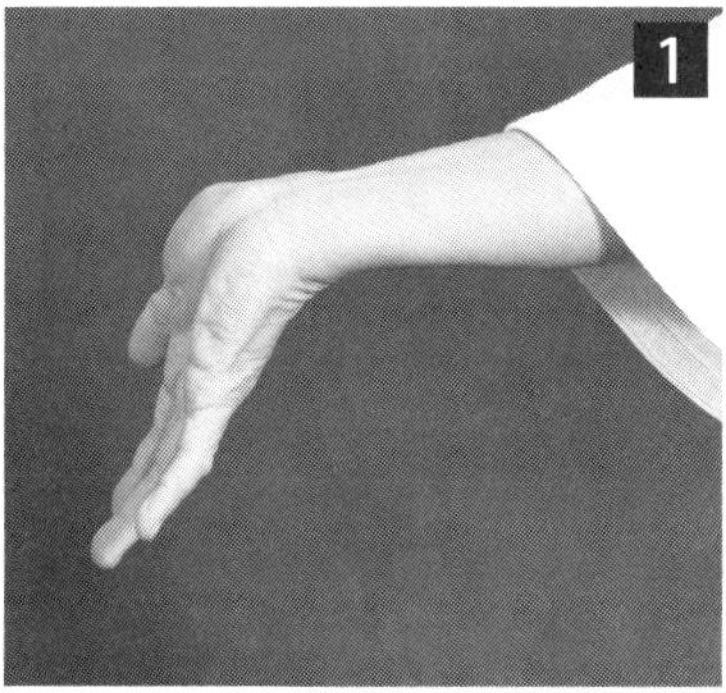

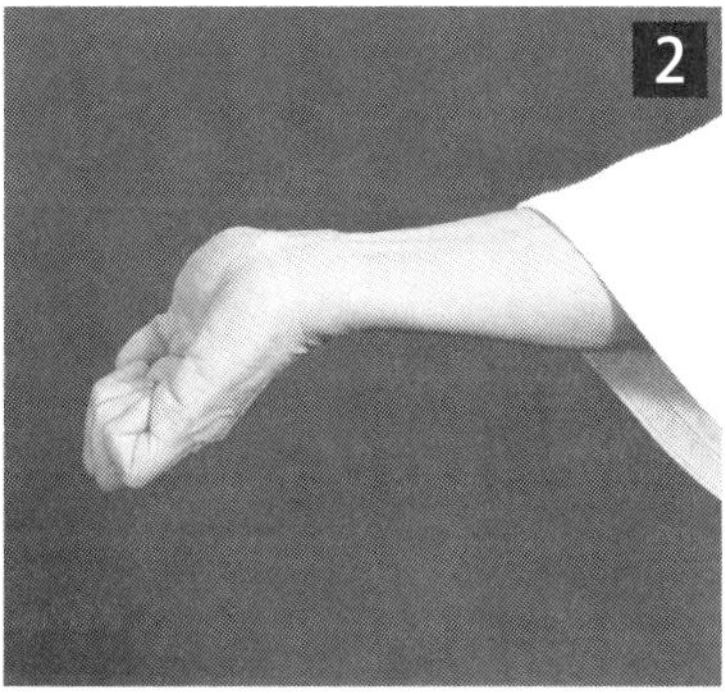

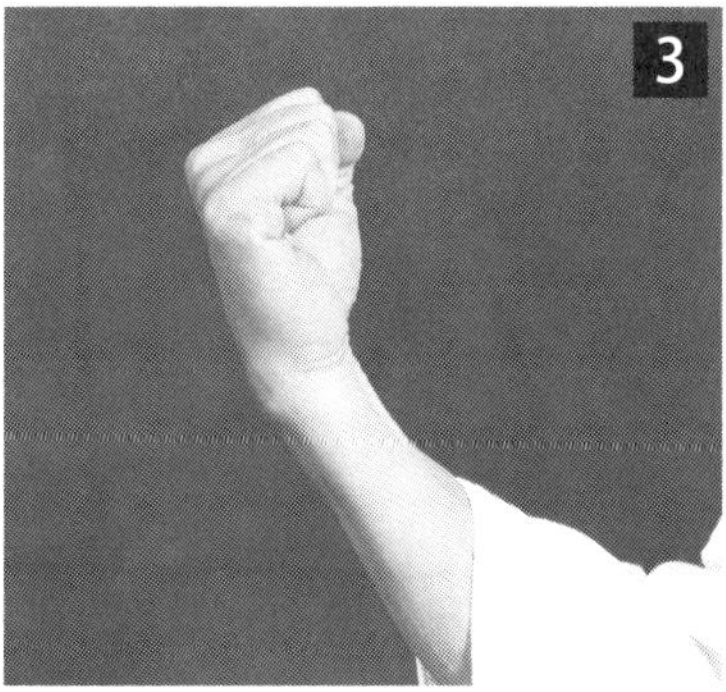

仰拳は手の甲が下向きになる。伏拳と同じ要領で拳を握る。

・仰拳《ぎょうけん》

手の甲を下に向けた拳のこと。揚打《あげうち》（アッパーカット）に使用する。

なお、仰拳（手の甲が下）で構えた状態から、突く際に拳を捻って打突時に伏拳（手の甲が上）になる突き方を捻突《ひねりつき》という。

◇拳の握りに関して

相手に衝撃を与える強い拳を突くためには、始めに拳《こぶし》をしっかり握る訓練をする。拳を鉄拳のように固めなければ、威力が半減するばかりか、拳を痛めたりする。例えば、野球をするときには、軟式か硬式かによってボールが違う。硬式ボールが顔に当たったならば、危険なほどの破壊力を持っている。

本拳は、最も実戦的な強い拳である。握る順序は、小指のほうから、四本の指先を付け根に巻き込むように固く握り、親指で中指と人差指の第一・第二関節の間をしっかり握りしめる（打撃法により、握る順序が若干異なる）。

四本の指に親指が添うと
素晴らしい力が生まれる
四指が働き　親指が統《す》べる
小指のしめがきいて　正拳は決まる

このこころは拳の道　人の道に通ずる
日本拳法協会最高師範　森良之祐

●表拳《ひょうけん》

握り方は、本拳と同じだが、当てる部分が、中指の根本関節（第三関節）部の手甲側をもってする。

手首のスナップを利かせた面部への外打に使用する。

●裏拳《りけん》

四本指の先を指の付け根に巻き、親指は人差し指の第二関節部を横から押し付け固める。当てる

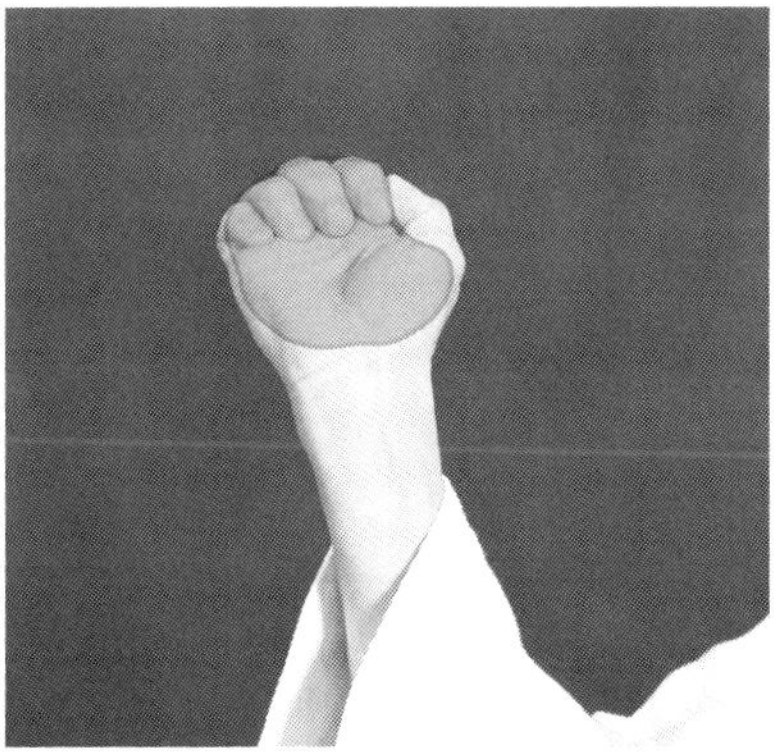

裏拳は本拳を少し開いた形。手の内側の広い範囲を用いる。

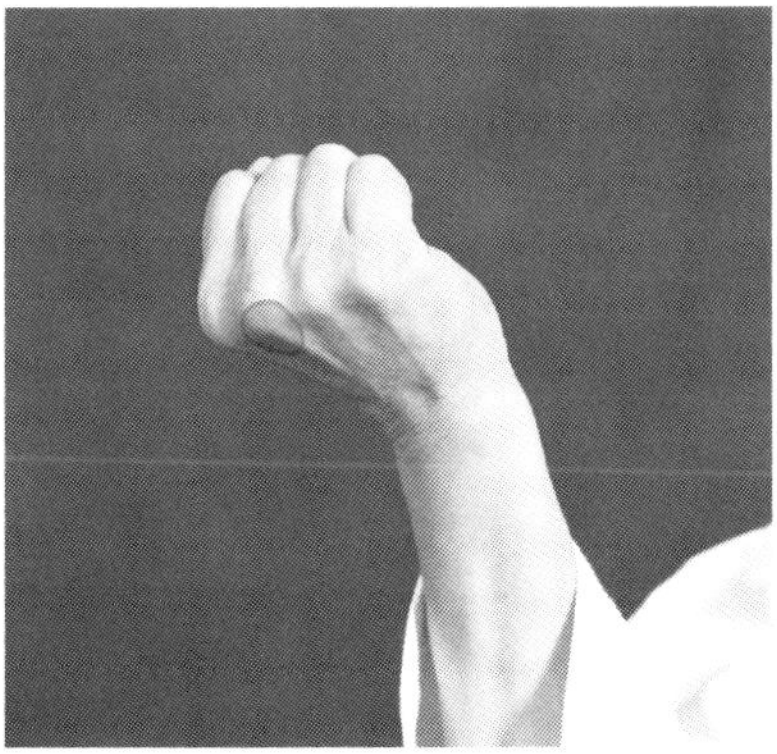

表拳は手の甲（中指の根元）を手首のスナップを利かせて当てる。

箇所は、四本指の第一・第二関節の間。または親指の付け根付近の掌拳部。

斜打や横打で使用するのに適する。

●槌拳《ついけん》

握り拳を作り、小指の付け根から下の肉の多い部分を用いて、斜打や横打に使用する。

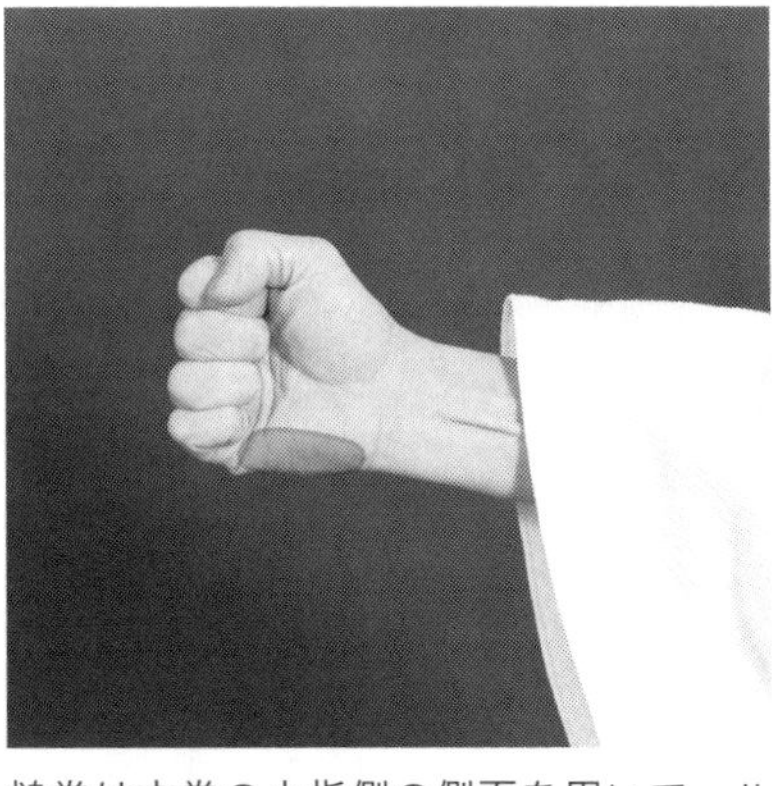

槌拳は本拳の小指側の側面を用いて、ハンマーのように打つ。

◎開掌拳

●掌拳《しょうけん》

手の平を開き、親指を若干曲げ、手首は前に折り曲げ、当てる瞬間に手首を返しながら反らす。当てる部分は掌底部。

横打や面斜打の他に、受手技として横受、落受、掬受《すくいうけ》に用いる。

●刀拳《とうけん》

手の平を開き、親指を曲げ、他の指同士の間隔を空け、親指と小指に少し力を入れると、小指の付け根から手首にかけて肉の

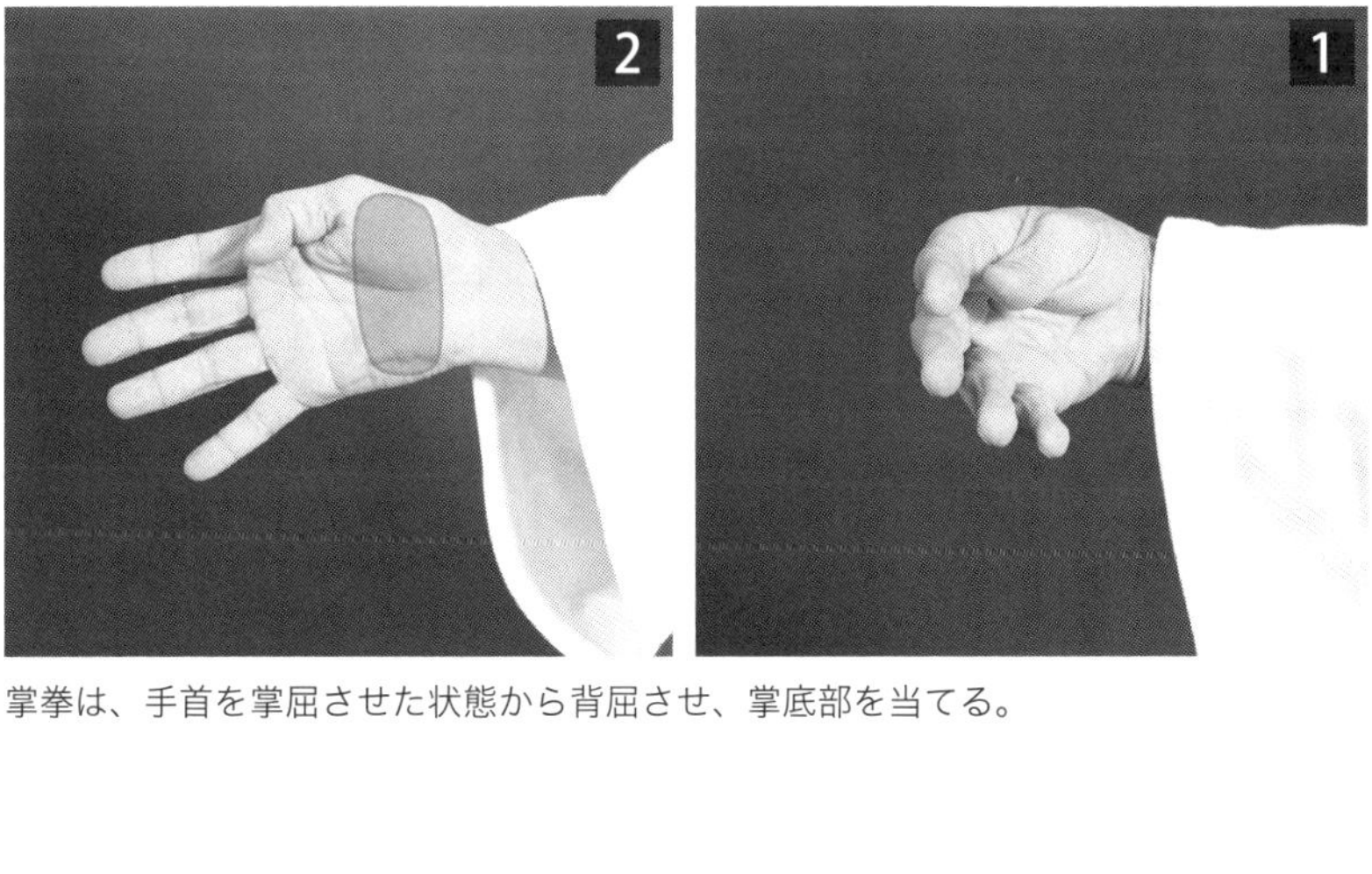

掌拳は、手首を掌屈させた状態から背屈させ、掌底部を当てる。

盛り上がった箇所が固くなり、その部分で当てる。

打ち方には、外打、横打、斜打などがある。また、受手技としては、上受や下受に用いる。

●頂拳《ちょうけん》

手の平を内側に折り、伸ばしている五本の指同士をすぼませ、当てる部分は手首の表部となる。作拳の要点は、親指頭を中指腹に密着させることである。

打ち方には、外打系統の打撃と揚打がある。

受手技には、上受と掬受がある。頂拳で

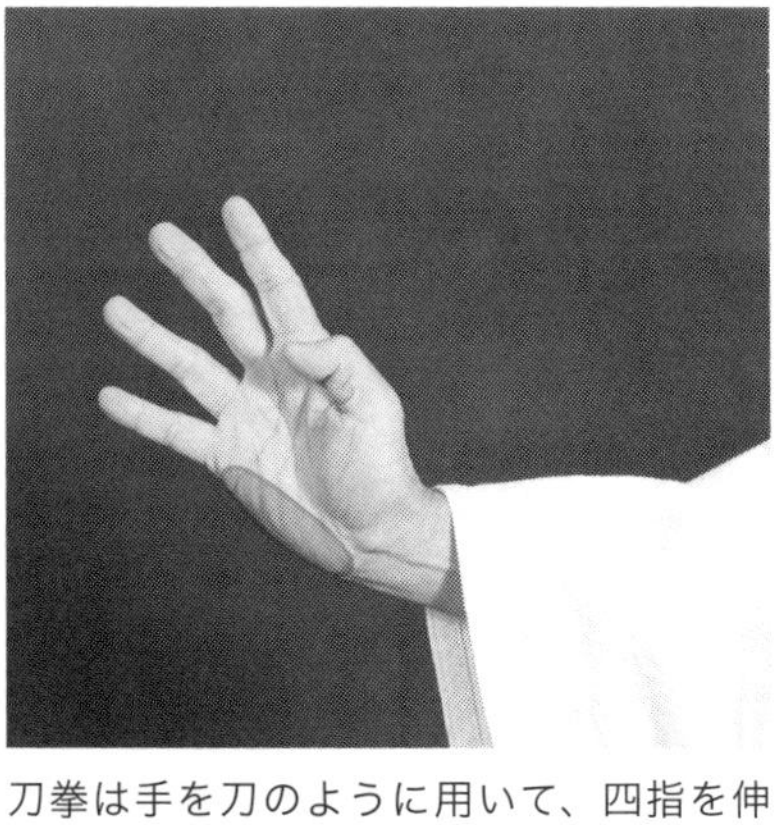

刀拳は手を刀のように用いて、四指を伸ばした手の小指側掌部で当てる。

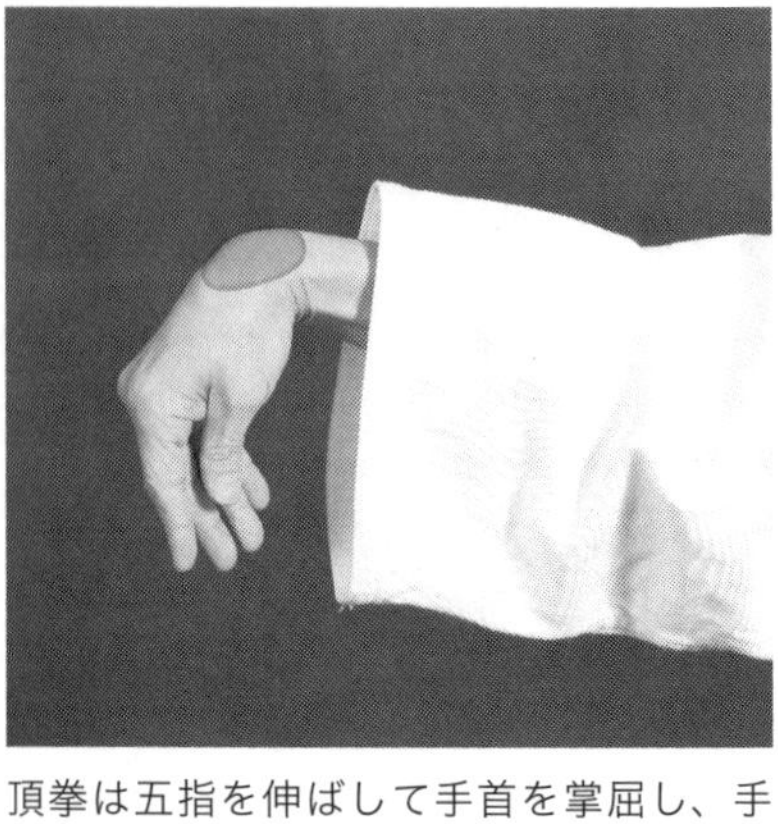

頂拳は五指を伸ばして手首を掌屈し、手首の外側で打つ。

打つように受けると威力がある。

●肘《ひじ》

日本拳法の競技における肘技は、倒れている相手を制したときなどに用いる。面部や後頭部、さらには背中などに、肘をもって正確に気合とともに当たる手前で止め、正しい技形を取れば一本として認められる。

ただし、外胴部に対しては加撃しなければならない。

肘は強力な打ち技として用いる。競技では外胴部以外には当てず、止めるようにする。

足脚《そっきゃく》

足脚攻撃の分類としては、次の五つに分かれる。

◎裏足《りそく》

蹴り足は上底部《じょうていぶ》で蹴る。蹴るときには指先を反らせ、指や爪の負傷を防ぐことに注意する。

用いる蹴り技の種類としては、揚蹴《あげげり》、突蹴《つきげり》、横蹴《よこげり》、返し蹴《かえしげり》に使用する。

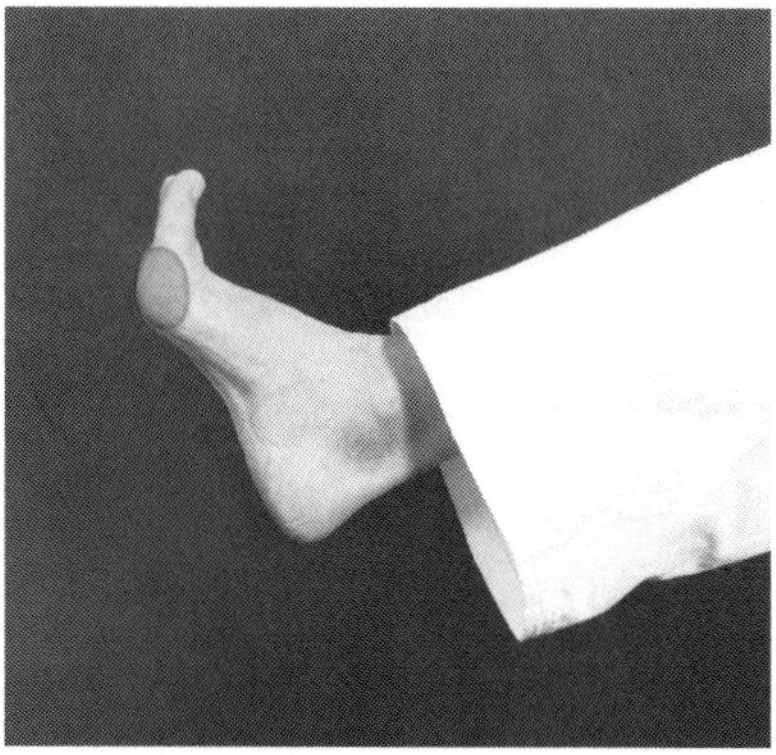

裏足は、足の裏で蹴る基本の蹴り技で使う。当てる部位は上底部（足指の付け根）。

◎表足《ひょうそく》（甲足《こうそく》）

足の表甲部分で蹴るために、足を伸ばして用いる。

蹴りの種類としては、回蹴《まわしげり》や、相手の蹴り足を受けてからの股間部への返し蹴りに使用する（回蹴は、横蹴と呼称している）。

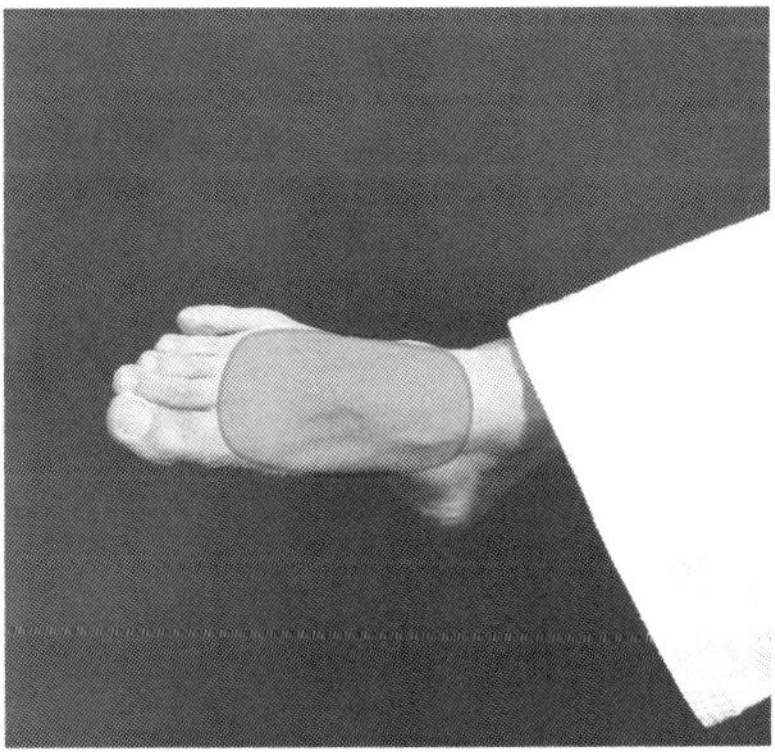

表足は、足の甲で蹴る技に使う。横蹴（回蹴）に用いられることが多い。

◎踵足《しょうそく》

踵《かかと》での蹴りに用いる。主に倒れている相手の面部や胴部に対して、上から踵部で踏蹴を行う。

ただし、面部に対しては衝撃が強く危険性が高いことから、正しい空撃の技形をとると一本を認める。

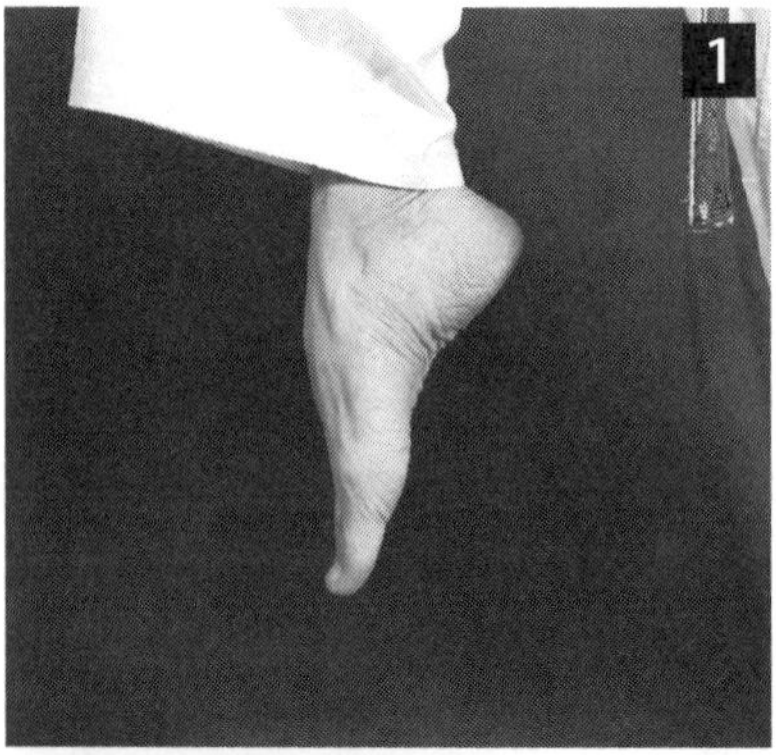

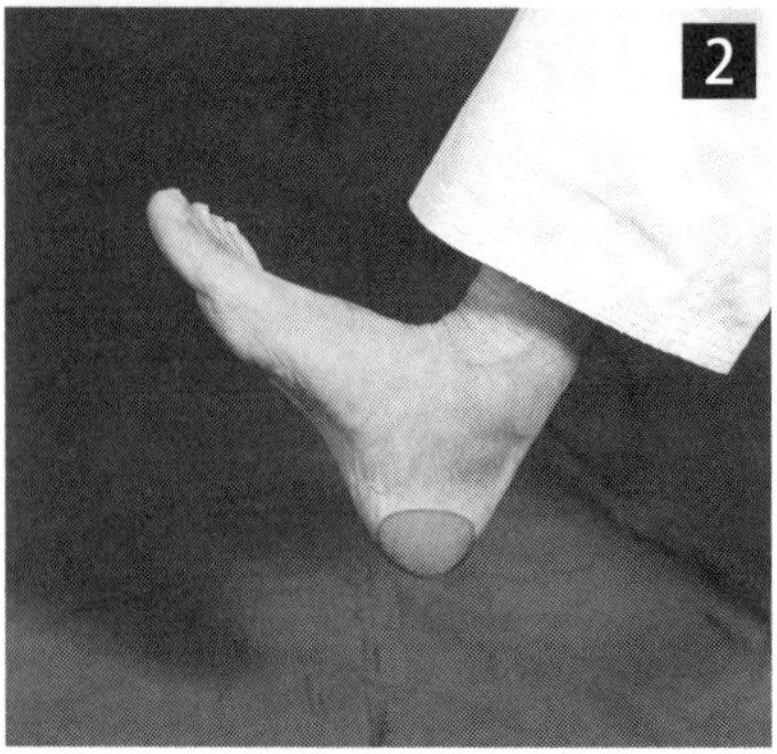

踵足は踵での蹴りに用いる。足首を底屈状態から背屈させて、踏み下ろす。

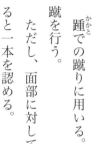

他の技としては、横突蹴や後回蹴《うしろまわしげり》に用いる。

◎刀足《とうそく》

足首を内側に曲げて作り、当てる部分は、足の外横側。横突蹴などに使用する。

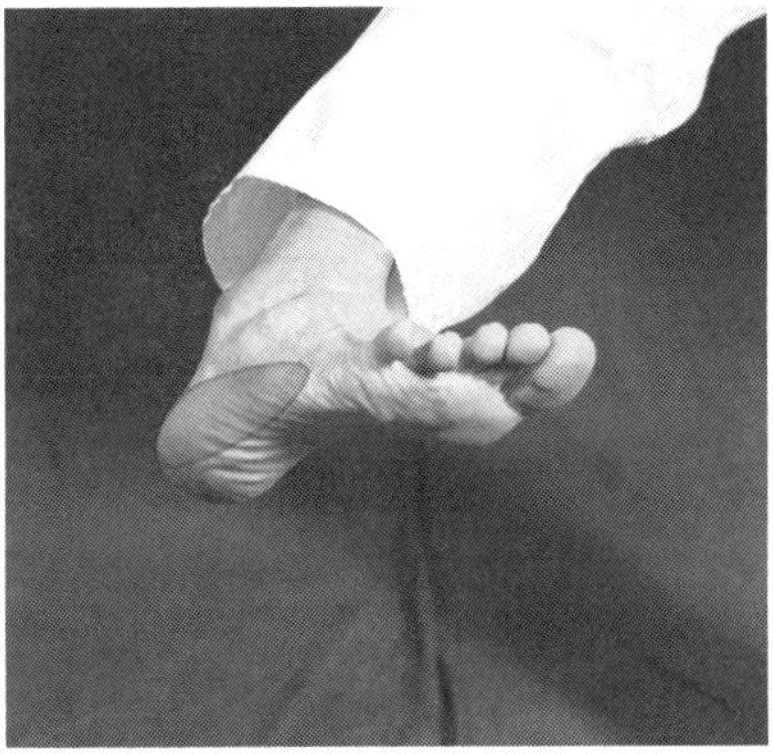

刀足は足の外側部分を用いる。横突蹴などで鋭く蹴り込むのに適する。

◎膝《ひざ》

膝関節を折り曲げ、組み付いた相手の胴部を、膝頭の上部を用いて蹴る。

また、倒れた相手の面部や、蹴り足などを取って股間部に空撃で正しい技形をとると一本とみなす。

※足にも表裏があり、指などの箇所が負傷しないように、蹴ったときに正確に蹴足を作る必要がある。

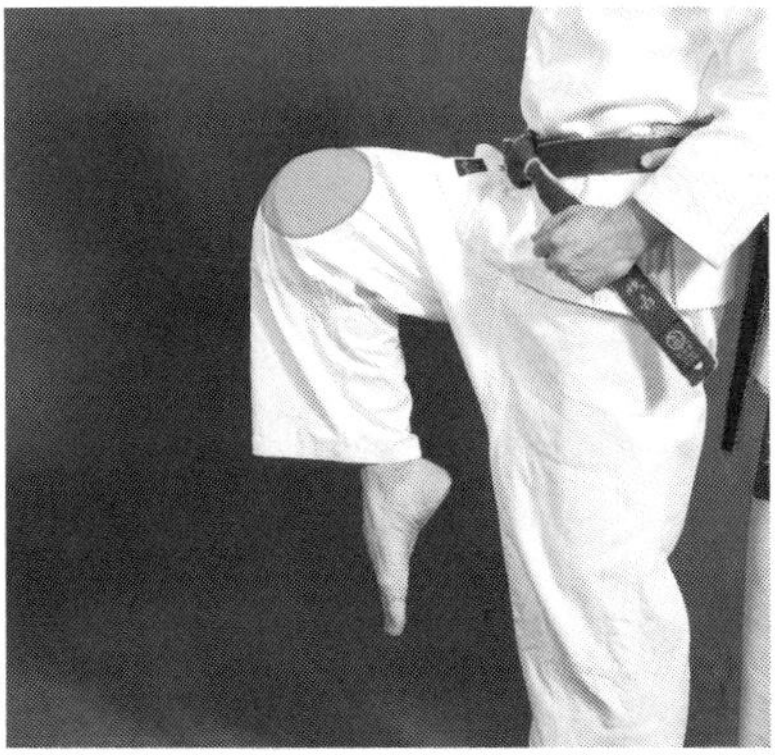

膝は、組み付いての膝蹴りや、倒れた相手を押さえ込んでの膝蹴りなどに用いる。

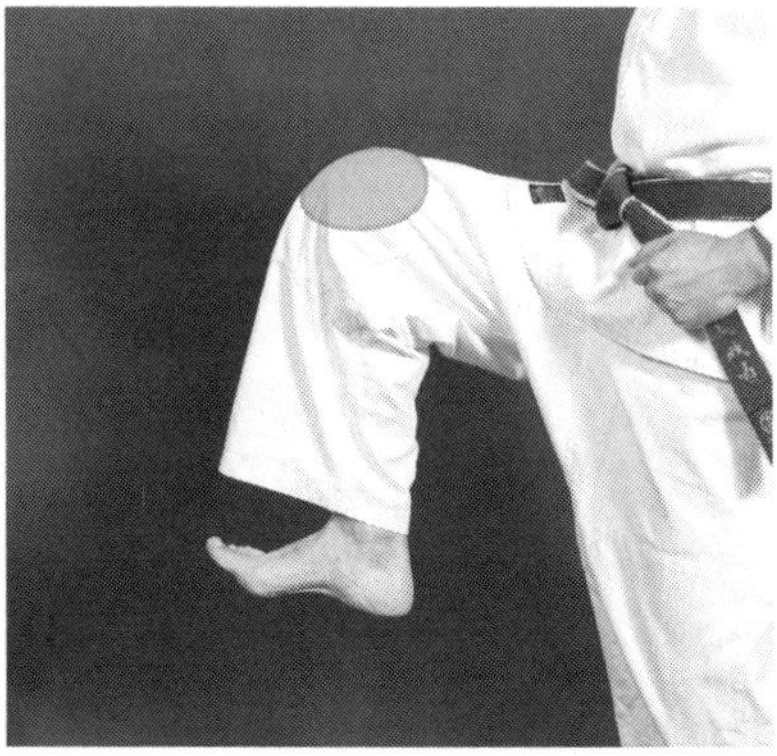

別法として、膝を極端に折り曲げず、足首を底屈せずに蹴り込むと膝頭が活きる。

第4章

日本拳法の基本動作

技法を構成するパーツを磨く

日本拳法の技術体系で始めに学ぶのは、構え方や突き方、足捌き、さらには受け手などである。諸動作を正しく反復練習して、身に付ける。

組打技においては、受身技から投技の稽古や、関節逆捕技の基礎を覚える。

これらの基本動作は、自動車にたとえると、組み立てるときに使用する一つ一つの部品に該当する。良いパーツをもって組み立てれば、性能の良い車ができることから、拳法の基本技である部品をしっかりと性能の良いパーツに仕立て上げることが大切である。

構え方

それぞれの格闘技によって競技ルールが違うため、必然的に構え方も違ってくる。

手技だけのボクシングでは、顔面に対する防御が大変大事である。打たれることにより、すぐに脳へのダメージに直結するからである。脳には多くの身体機能を左右するソフトウェアが詰まっており、その顔面部を守るためにも、構えている防御の手の位置が高い。

また、相手に当ててはいけない寸止めの空手競技では、比較的に腰を落とし、腹部に対する蹴り攻撃に備えた構え方になっている。

そして日本拳法では、実際に突いたり蹴ったりの攻撃ばかりではなく、組技もあるために、それらの攻防に適した構え方になっている。

◎自然体

両足の横幅をほぼ肩幅に開いて立つ、背筋を伸ばし軽く顎を引き、肩の力を抜いて両手を体側につける。

自然立は、両足を横一直線に揃え、姿勢を整えて無駄な力を抜いた立ち方。

◎正面構え（体構え）

正面構えには、立礼の姿勢として「気を付け」がある。倒れている相手に対しては、押さえ込み突きするために四股立（両足は外ハの字に開き、足幅を肩幅より大きく開き、腰を下ろす）を用いたりする。

正面構えの中で大切な平行立（両足は肩幅に開き、横一線上に揃え、両足の内側を平行にする）からの稽古方法を紹介する。

平行立からの直突の稽古法としては、両足を肩幅より若干広めにし、両手甲部を側面にし、合わせ開掌し、腹部のみぞおち（水月《すいげつ》）に位置する。

顎の高さに左右の拳で突き出し、

正面構えの四股立は、足幅を広くして上体を真っ直ぐに腰を落とす。

腰や肩の捻りとともに左右交互に繰り返し、一点に真っ直ぐに突き出す。平行立からの左右の直突（正面突）稽古の必要性は、頭部から背骨・腰・足までの身体の垂直軸を意識し、左右の腰並びに肩の捻りを円滑に繰り返せるようにするためである。連撃突き動作は、体軸バランスを身に付ける大切な稽古方法といえる。

平行立から、波動突（双手突）や左右の横打、揚打、外打を用いる。

正面構えの平行立から、左右の直突（正面突）。

平行立からの波動突（双手突）。

平行立からの横打（左手も同様に行う）。

平行立からの外打（左手も同様に行う）。

平行立からの揚打（左手も同様に行う）。

平行立からの開身（左廻り）。

平行立からの開身（右廻り）。

平行立からの開身の稽古法は、足元に肩幅位の正方形のマスを描き、角々に左廻りは左足から、右廻りは右足からスムーズに動作する。

一連の動作を覚えたなら、前に相手を立たせ、こちらの腹部を蹴り込ます。相手が右蹴のときには、左に開き、左蹴に対しては右に開く。

◎中段の構え（手構え）

両手拳の位置が、「水月」（みぞおち部）を中心にして、上は「松風」（咽喉部）、下は「明星」（臍の真下）の間に構えたとき「中段の構え」という。

大会などの競技出場選手の大半が戦うときに用いる構えで、手構えの位置が中段にあることから「中段の構え」と呼ばれている。特に撃力やスピードを伴った直突や蹴り攻撃にも適する。さらに相手からの攻撃や反撃なども足捌きで躱したりできる有効な半身構えといえる。

しかも相手より面部を打たれた折にも、バランスの崩れが少ないため、攻防に適し

中段の構え（左中段の構え）は、多様な攻防に対応できる有効な構えである。

ている。

なお、左前足・左前手の半身構えを「左中段の構え」と呼び、その逆構えが「右中段の構え」となる。

また、両手拳の位置を「松風」より上位に構えたとき「上段の構え」という。また、両手拳の位置を「明星」より下位に構えたとき「下段の構え」という。

上段の構え（左上段の構え）は、斜打などをしやすく、また胴攻撃の誘いにもなる。

下段の構え（左下段の構え）は、揚打などをしやすく、また面攻撃の誘いにもなる。

◇中段の構え方の要点

左構えとは、左手と左足を前にして半身に構え、前後の足幅は自分の肩幅の広さより若干広く位置する。左足先（前）はやや内側に向け、後ろ足は右斜め45度に開いている（一般に左構えは右利きの者が用いる）。

左手（前）の高さの位置は、右手（後）を基準にし、右手はみぞおち部（水月）に構え、同一線上の高さに左手構えは位置する。手の甲側を横に向け、両指先は伸ばすが親指は折り曲げ、両手指先は相手の顔面部に向け手首を起こし、側拳突きの構えになる。

正面から見て相手と自分との水月を結ぶ一直線状にだいたい重なり合うように構えをする。

初心者や子供などは両手を軽く握るが、突いたときにしっかり拳の握りができてからは、自然に手は開き、親指を折り人差し指側につける。

構え方においては、左右の構え手の位置幅は重ねず、伏せた拳の一つぐらい開ける。一直線上に重ね、肘を締め両肩を絞ると肩に力が入り、突きをするときに動作が鈍るためである。意識としては、左右の肘と脇の下に薄いノートを挟んで、それを落とさないぐらいの感覚で脇を締める方法もある。

足構えは、正面に対して、前足の親指（内側）と後足の踵（内側）の間隔を約10センチ空ける。前足と後足が縦一直線上に重ならないようにする。

両足はつま先重心になり、後足の踵は床面より少し浮かす。前後の足の膝は曲げ、前後左右に足捌きができるように弾力を持たすために、構えた状態で上にジャンプさせる（いつでもジャンプできる膝頭の柔軟度が必要のため）。

身構えとして、顎は軽く引き、眼付《めつけ》は相手の顎付近から胸の上部をおぼろげに見る。上体は胸を張らず、猫背気味に構えると腰が落ちる。

歩法（足捌き）

歩法は足捌きでできているために、これを単に足捌きともいっているが、拳法には蹴りの足捌きもあるので、これと区別するために、特に歩法という名称をつけた。

相手に対する攻撃も、拳足が届く位置まで踏み込まなければならないし、相手からの攻撃に対して防御をするにも、拳足が届かない位置まで避けなければならない。そのため、歩法や足捌きは攻防における重要な機動力である。

日本拳法の足捌きは、摺足《すりあし》動作が基本である。その他、日本の伝統的な格闘技である相撲、剣道、柔道や、伝統芸能である能や狂言、さらには日本舞踊なども、摺足で表現をしている。

この動作は、日本の生活文化を反映された「静」の動きといえる。

これに対して、海外で生まれ育った格闘技であるボクシングやフェンシング、芸能におけるダンスやタップダンスなどは、飛んだり跳ねたりするリズム感を持った「動」の動きが特徴といえる。

体の骨格や体力に恵まれた西洋人と威力的に対抗するには、無駄な動きを控え、一気に相手を突き倒す。そのためには、身体での溜めが大切で、摺足で一瞬の隙をついて相手の間合いに入り込み、気合とともに攻撃を加える。

さらに、相手からの突き攻撃に対しては、捌いたり躱したりできる伝統的な徒手格闘技が、日本拳法の足捌きである。

◎寄足《よりあし》

●前寄足・後寄足

前寄足は、後足のバネを活かすために後足爪先で前に押し出す勢いを用いて、前足から始動する。

後寄足は、前足のバネを用いて後ろに押し出し、後足から後退する。

前寄足・後寄足

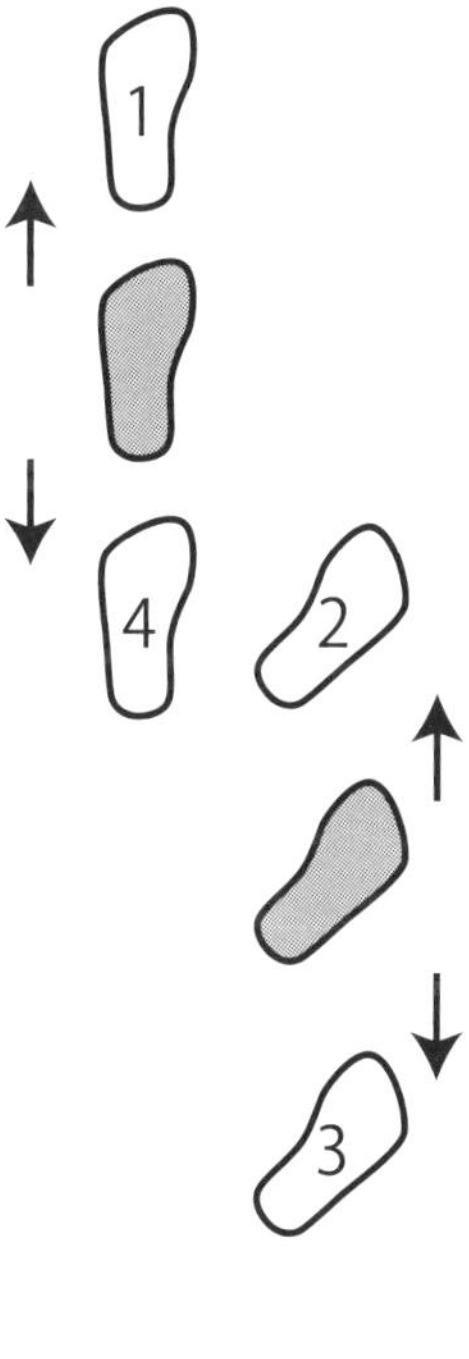

前寄足のときには、できる限り前足の指先を上げてはならない。上げると、踵重心になり攻防に支障をきたす。あくまでも摺足動作で、両足の重心は裏足の上底部に置き、踵には重心をかけず、むしろ後足は前足に比較して、少し踵を上げると前進する際のバネとして活かせる。

さらに歩幅は、前寄足や後寄足をしても構えた体勢では、前後の足幅が変わってはいけない。

●左寄足・右寄足

左右に足捌きをする側の足から真横に移動をするが、反対側の足のバネを活かすと敏速に動ける。歩幅は横に移動した足と同じ動きを追従する。

●廻り込み

前寄足・後寄足動作の応用の一つである。普段の攻撃や防御は直線的な動きが多いために、体の小さな者は、体の大きい相手から激しく攻められたとき真後ろに下がり、場外となり反則を取られやすい。

そこで、後廻り込みの足捌きを用いる。これにより相手の攻撃を躱すだけではなく、相手を翻弄し、相手の姿勢を崩せる。さらに相手の隙を見出すことにより、反撃を生むチャンスになる。

そのため、敏速な足捌きをするためにも、爪先重心を心がけ、普段より足捌きの稽古によって、より敏捷さを身に付ける必要がある。

足捌きの稽古は単独でできるが、時には二人で稽古をし、一方が足捌きで追い攻め、それに対して廻り込みの足捌きで躱すと有効な稽古になる。

廻り込み

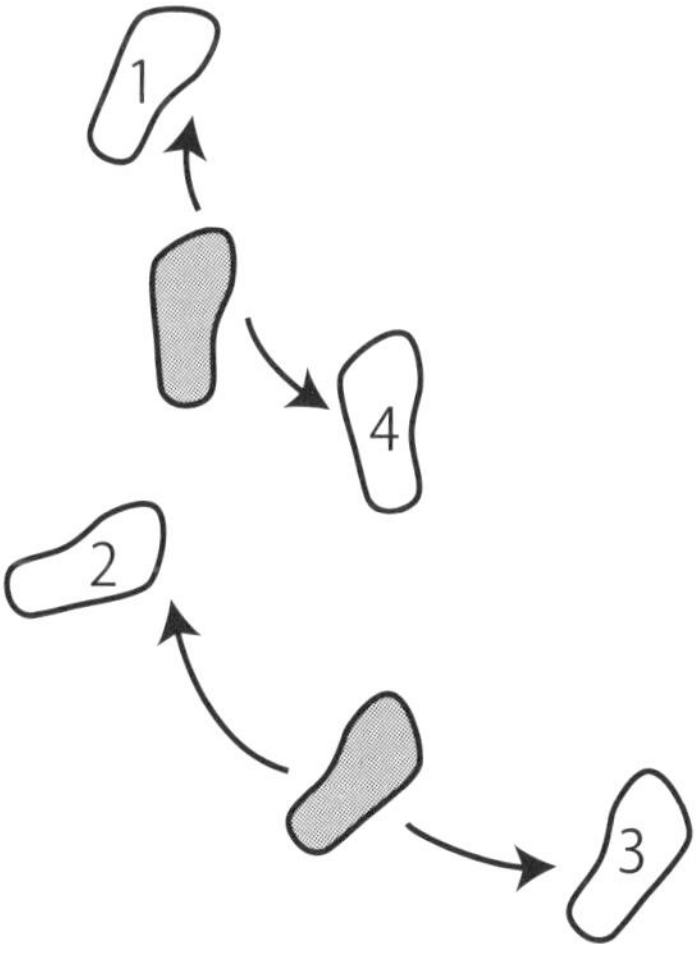

左寄足・右寄足

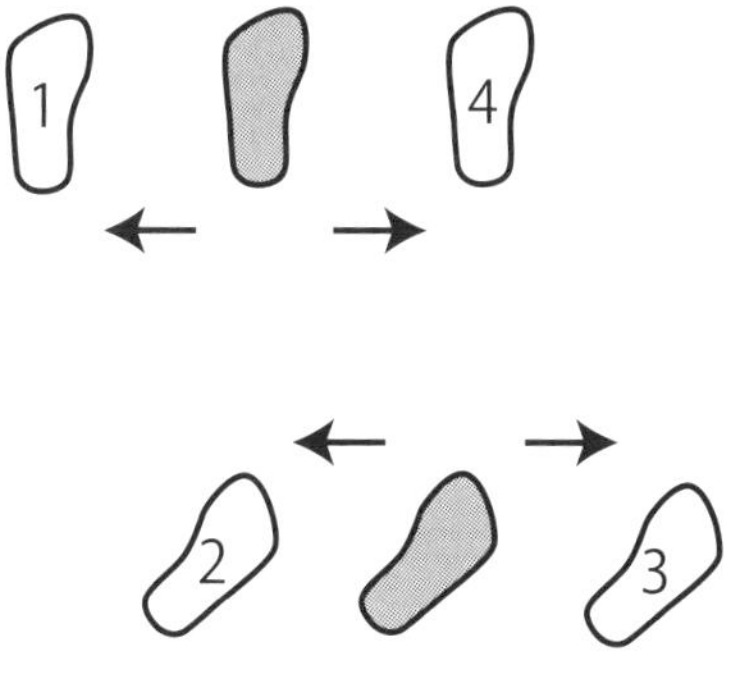

◎替足《かえあし》

替足は、前進でも後退でも、体の入れ替わりを大きくして移動できる利点がある。そして、向かい合っている相手に対して、呼吸、つまり機先を制し、不意に直突や外打などの攻撃がしやすくなる。

また、相手からの後面直突の攻撃を躱したり、時には相手の突きを両手で合わせ取り（両手同時の横受で、これを合掌受ともいう）、同時に後替足して投げに転じる。

●前替足

後足を前足を越して前へ大きく進め、その後方へ前足を引き寄せて前進する。

後足を前足付近に弧を描くように移動したほうが、腰や体の開きが決まる。

※前替足は、腰の切れを体得するために、替足をした側の拳も一緒に突きながら前進を繰り返し、突きのタイミングを養う。

●後替足

前足を後足の後方へ大きく退き、後足を引き寄せて後退する。
前足を後足付近に、弧を描き移動し逆構えになる。
※後替足は、替足を反復するときに上受や横受の動作を行い、体感を身に付ける。

前替足・後替足

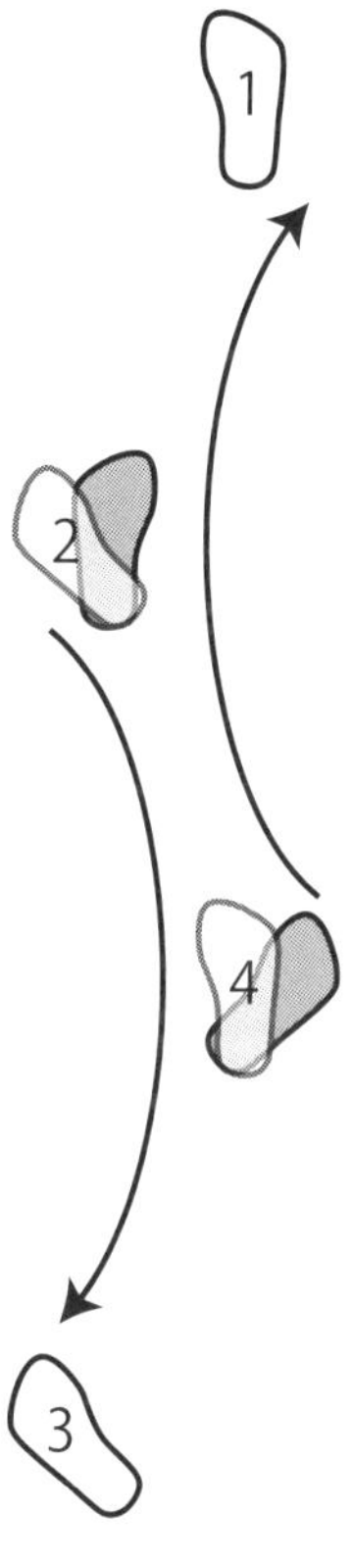

1と2は、ほぼ同時に動く。
3と4も、ほぼ同時となる。

◎叉足歩《しやそくほ》

この歩法は、側方へ大きく移動するときに使われる

●右叉足歩

前（左）足を後（右）足の前方右側へ出し（ここで左右の両足は交叉《こうさ》する）、後足を右側へ大きく開いて出し、その後足の左前方へ前足を引き寄せ、大きく右側へ移動する。

●左叉足歩

後（右）足を左側へ出し（ここで左右の両足は交叉する）、前（左）足を左側へ大きく開いて出し、その前足の右後方へ後足を引き寄せ、大きく左側へ移動する。

◎継足《つぎあし》

相手に対し、前足を用いて蹴り込むときや、相手からの突き攻撃に対して、前足を後足に移動し、後足で蹴るなどの待ち蹴りの対応ができる。

また、少し遠間の相手に対しては、継足から前拳、後拳直突の攻撃が可能になる。中段に構え、継足で前進するときは、後足を前足の踵付近まで進め、前足は押し出すように前に進み、元の中段の歩幅で構える。後退するときは、前足を後足の爪先部まで寄せ、後足を後退させる。

継足

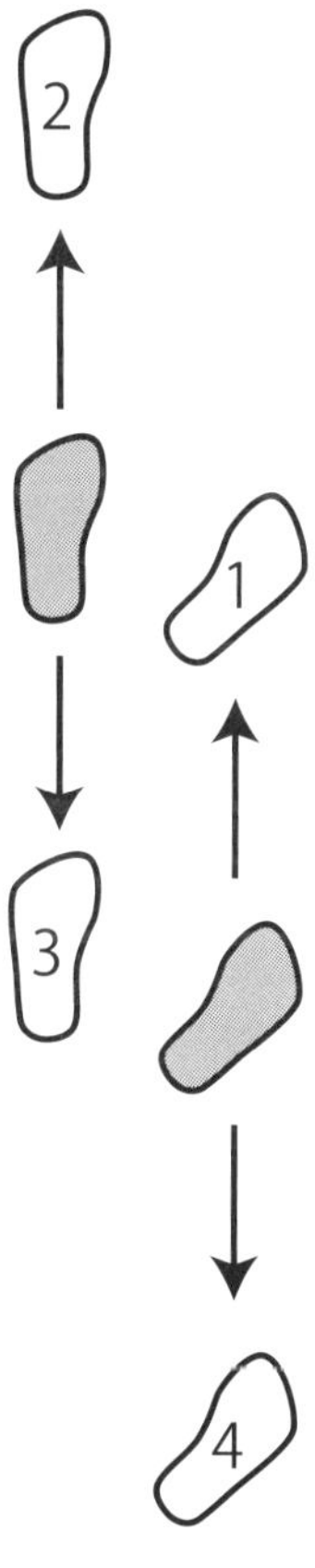

◎踏《ふ》み替《か》え

踏み替えは、前足を後足に、後足を前足に入れ替えることにより、相手からの直突を躱し胴突への反撃に用いたり、体の開身によって投技に転化したりする。

踏み替えには足の運びが大きく三つあり、いずれも中段の構えから行う。

●前踏み替え

後足（右）を前足（左）の横に移動し、前足を後足のあった横の位置に入れ替え、逆中段の構えになる。

前踏み替え

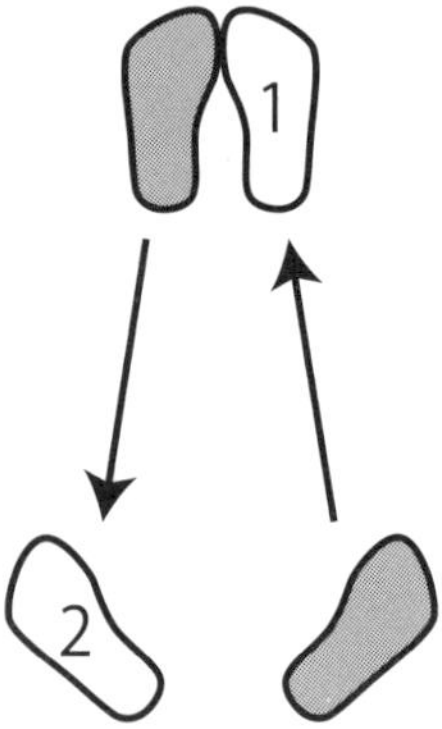

◇応用稽古

この足運びの稽古は、踏み替えと同時に直突や横打を行うと、開身からの打撃を身に付けるのに有効である。

●後踏み替え

前足（左足A点）を後足（右足C点）位置に下げ、後足を前足のあった右横に位置（B点）に入れ替え、逆中段構えになる。

後踏み替え

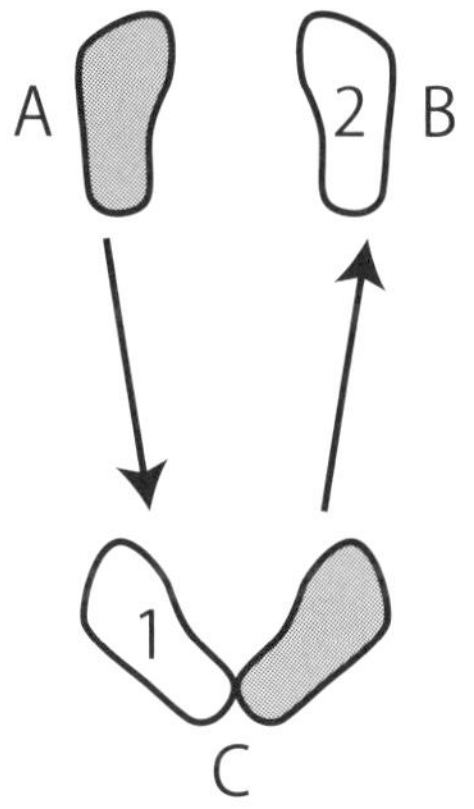

前足を下げた位置をC点とし、元の前足の位置をA点とし、A点から真横に肩幅の広さ位置をB点とする。C点を基軸にA点とB点で三角形を想定し、両足の移動目印とする。

◇応用稽古

これは、両足の踏み替えとともに、左右の胴突の単独稽古にも適する。

二人で稽古をする場合は、相手の前拳（左）による面直突に対して、入身動作から後拳（右）で胴部を直突する。

続いて、相手が後拳（右）による面部への直突に対して、事前に踏み替え動作をし、逆中段構えになり、相手からの面部攻撃に対して、こちらは同時に左胴直突を施したならば、後踏み替えをし、元の左中段の構えに戻る。この踏み替えからの胴突を繰り返して行うことで、肩や腰の使い方を覚える。

●踏み替え変化

後足（右）を前足（左）よりも半歩前に出し、前足（左）は後足のあった位置手前に半歩退がり、逆中段の構えになる。

◇応用稽古

二人稽古で行う応用技として、投技の虚車《きょぐるま》がある。相手の後拳面横打（右）に対して、自分の後足（右）を前足（左）付近に踏み替え、左上掛受とともに、相手の首へ

踏み替え変化

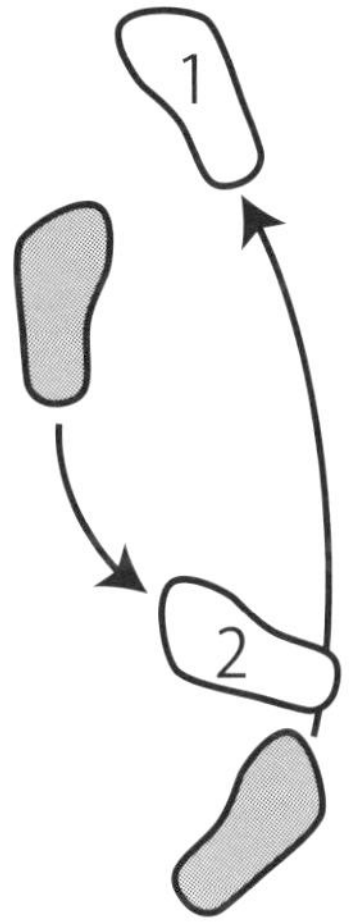

自分の右手首（親指側）をかけて、親指方向へ巻き込み、同時に左上掛受した手で相手の手首をしっかり掴み下方向に落とす。さらに同時に、後足（左）は半円弧を描き体を開きながら投げに転じる（虚車は、232頁の写真3〜5参照）。

◎転足《てんそく》

●左転足

①左中段の構えから。
②前足（左）の上底足部（裏足）を支点に、体を右へ90度回転させる（爪先が右に向く）。
③後足（右）は半円弧を描き引き、右に向かって左中段の構えとなる。

●右転足

①左中段の構えから。
②後足（右）を右前に半円弧を描いて出すと同時に体重を移し、上底足部（裏足）を支点にして体を左へ半回転せる（爪先が左に向く）。
③前足（左）を後方へ引き、左に向かって右中段の構えとなる。

左転足・右転足

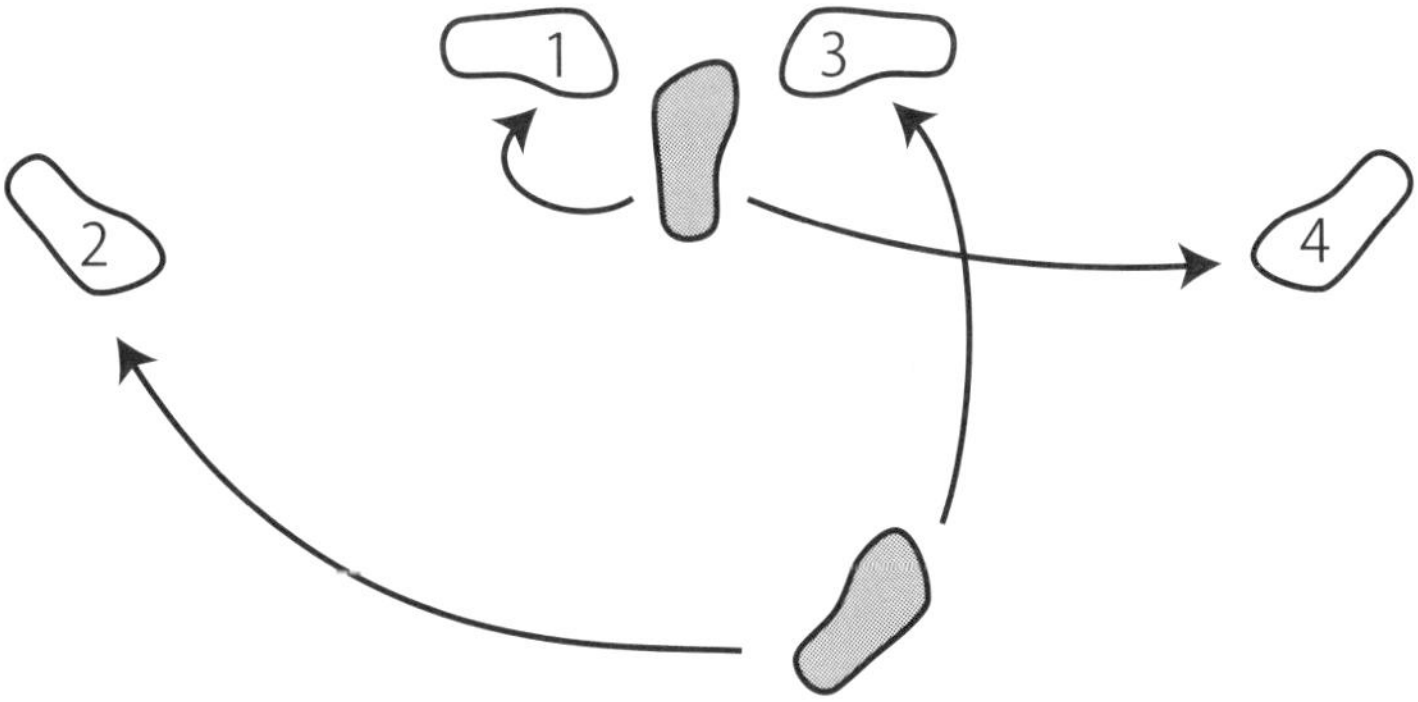

◎転開《てんかい》

●左90度転開

①左中段の構えから。
②前足は90度転開し、左中段の構えになる。
③後足の踵を支点とし、爪先を90度左に向ける。

●右90度転開

①左中段の構えから。
②後足の踵を支点とし、爪先を90度右に向ける。
③前足は右90度転開。左中段の構えになる。

左90度転開・
右90度転開

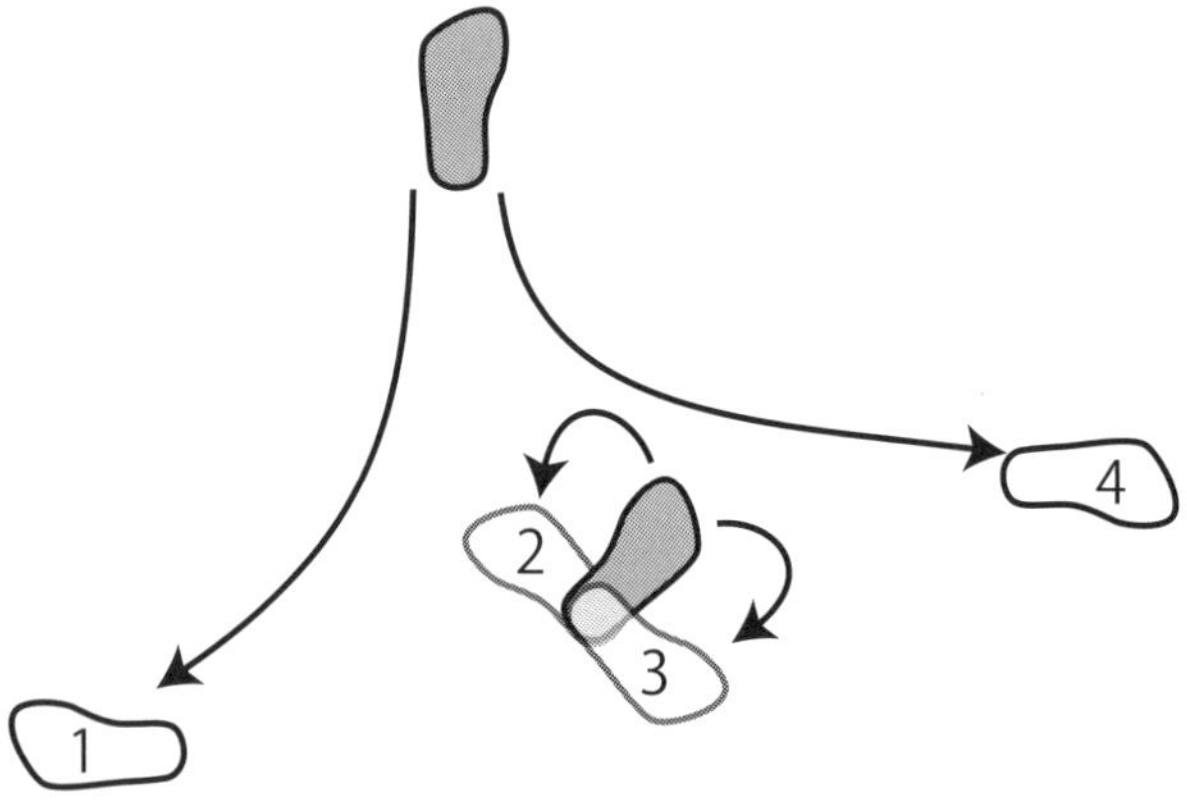

●180度転開

①左中段の構えから。
②前足（左）の踵を支点とし、爪先を内側に向ける。
③後足（右）を左後方向にずらし、体を右180度転開させ、反対方向に向いて右構え（右足前）になる。
④後足（左）は前替足し、左中段の構えになる。

180度転開

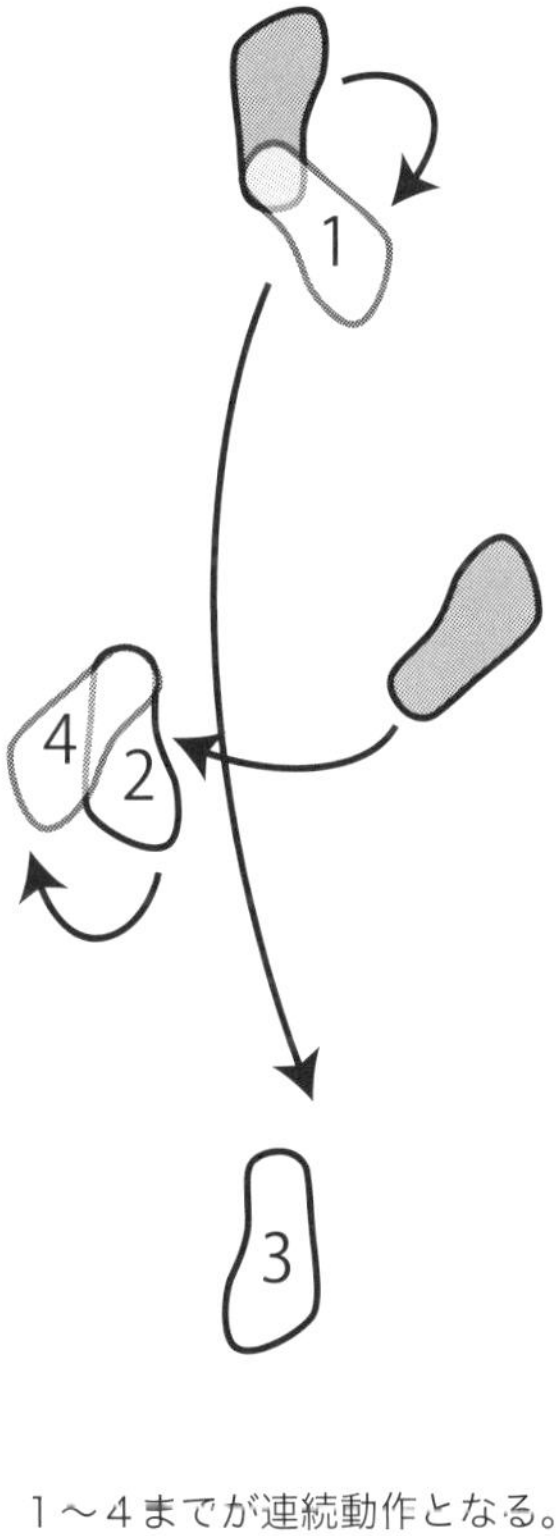

1～4までが連続動作となる。

◎転回《てんかい》

基本技の中には転回動作があるものの、防具を着装しての乱稽古には用いない。しかし、体の平衡感覚を身に付ける訓練には適している。この転回する感覚は、投技の一本背負投に応用できる。

●右転回

後足を前足の前へ半円を描いて運び、その足先を軸に体を回転させ、前足を大きく半円を描いて回し、その足（ここで後足になる）の前へ、新たになった前足を寄足の要領で、適宜の位置に引き寄せる。

この転回によって、後向きとなり、左右の構えが変わる。

●左転回

右転回と同じ要領で、左右を反対にする。

右転回

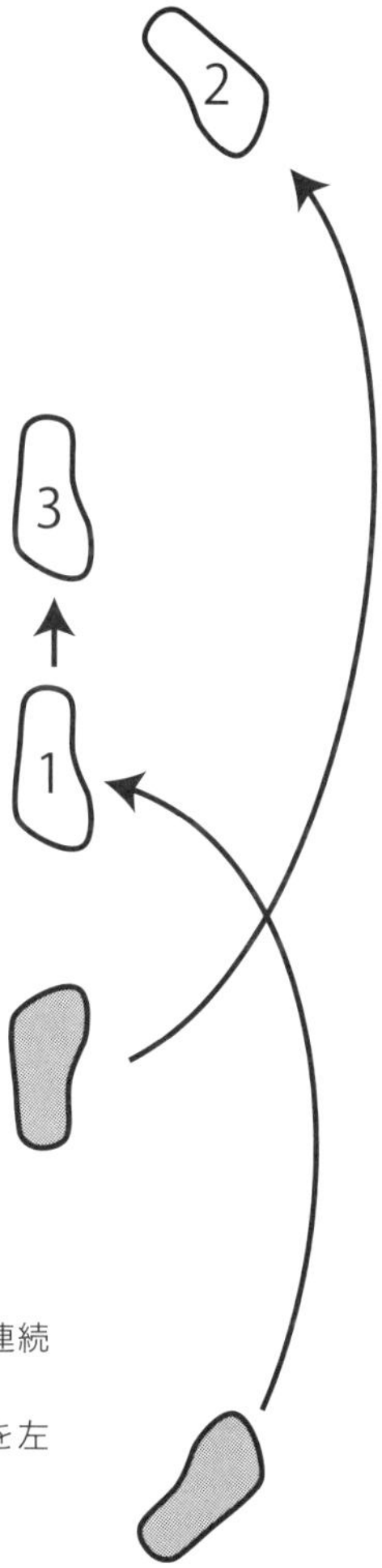

１～４までが連続
動作となる。
左転回はこれを左
右反対に行う。

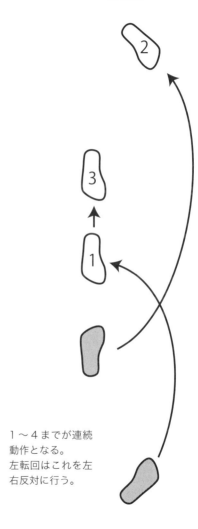

基本の突き

「手は人生の神秘なり」という言葉がある。手は、私たちが生まれてきて以来、あまりにも身近な存在で、使い慣れているために注意を払うことは少ない。しかし、人間が存在するためには、外的な機動力の主体はまず手である。

その手を握り、拳《こぶし》を作る。その拳は手捌きをもって技となるが、足捌きを用いてより大きな存在を示す。

直突や横打などの技術は単純で簡単なようだが、より的確に突くためには原則（理合）がある。ただ拳を振り回しても、日本拳法の競技では有効技（一本）とならない。

◎直突《ちょくづき》

相手と対戦するとき、日本拳法はボクシングのように手技だけで戦うことがない。相手と戦うための間合のとり方は、蹴技を意識して構える。

そのために、間合いが少し離れ、突いたとき肘が締まる側拳（拳を立てる）の突きが有効な打撃技になる。

●前拳の面直突

防具試合で、始めに前拳で相手の面部に突き攻撃をする。すると、「一石を投じる」如く、戦う相手の強さ程度がわかる。

前拳での面直突は、姿勢をあまり崩さずに突ける。また、相手の後拳を防御できる。

しかも、後拳の直突に比較して、前拳での攻撃は突く目標（面部）を外しても、バランスの崩れが少なく、相手から反撃される危険度が低い。

さらに、前拳の構える位置は相手に一番近く、同じ構えの相手より後面突で攻撃されても、前拳で相手の面部を合わせ突けば防御にもなる。

なお、攻撃面においても前拳突で上手にリードすると、こちらの後拳突で相手を攻撃できる可能性が生まれる。現代ボクシング発祥の地イギリスでは、「左は世界を制する」という格言があるように、前拳（左）は大変に有効な突き技といえる。

◇前拳を突くための要点

構え手は拳を握らず、手掌《しゅしょう》を開いて中段に構え（子供などは軽く拳を握らすことも可）、前拳突を覚える。

初期段階は踏み込まず、その位置から前拳で自らの肩の高さに突く。

この突きの動作を正しく身に付けるまでは、繰り返し稽古をする。

固定した的《まと》になる拳座《けんざ》（空手では巻藁）へ、もしくは指導者が直接パンチングミットを持ち、そこに突くことは有効な稽古になる。

前拳を突いたとき、後手はみぞおち（水月）に位置し、手掌を開き腹部を守る。

腰の位置や肩は水平を保ち、前足方向に腰を入れるが、前足の膝頭が同じ足の爪先より出ない程度に折り曲げ、腰を乗せる。前足は相手に対してやや内側に向ける。何度も反復練習をし、下半身において重心移動の感覚を身に付ける。

踏み込まないで突く技形を体得したならば、前寄足して前拳を突き、初心者は空撃をもって突いた拳を固定する（約3秒）。この固定した技形が正しく突けているかを指導者は見極める。時には形《かたち》を直すために必要な稽古方法である。

突いた拳技が定まってきたならば、今度は、突いたら即、拳を引く。さらに、前に素早く寄足して前拳を突くには、後足のバネを用いて突く稽古が必要である。

●後拳の面直突

後拳で突く者は、自分の利き腕を用いるが、そのために力が入りすぎて上腕二頭筋（腕を屈折する側）が過剰に働きスピードが落ち、撃力が半減する。

本来突くために必要な腕の

後拳での面直突を側拳で突く場合は、バチで太鼓を叩くように腕を振り、鋭く打ち突く。

筋力は、上腕三頭筋（腕を伸ばす筋力）の働きが必要とされている。上腕二頭筋は重い物を持つために使われているため、力いっぱい強い力で突こうとするとこの二頭筋が働き、三頭筋と拮抗するためにスピードが鈍る。さらに力むと肩に力が入りすぎて、腰の安定が悪くなり肘が開くことにより、真っ直ぐに突くことができなくなる。

後拳直突は、競技における勝因となる得点（一本）の多くを占めている主役である。そのために、突くポイントをしっかり身に付けることが大切である。

◇後拳を突くための要点

手掌《しゅしょう》を開いた中段の構えから、初心者は下半身を静止し、その場で後拳を肩の高さに突く。

技形が身に付いてきたならば、前拳と同じく、拳座やパンチングミットもしくはサンドバッグなどを突く。サンドバッグは人に押さえさせ固定して目標点を突くと、腰や肩の作りなどが早く身に付く。

後拳突において、頭部から背骨・腰・足までの身体の垂直軸を意識する。それにより、腰の捻りや肩の回転を円滑にし、スピードのある直突ができる大事な要素である。

前足の位置は、腰や肩の捻りの勢いに耐えるには、足の先端部をやや内側に向け、前足を床面に固定する。

後足は若干踵を浮かせ、腰の捻転とともに足の踵も多少外側へ回すと腰が入りやすくなる。しかし熟練者は、足の踵を回す意識を持ちすぎると、腰以上に足首が回り、逆に腰を入れるための捻りにつながらない。

下半身が静止してからの後拳直突がしっかりできてからは、前寄足の足捌きを用いて後拳直突の稽古に入る。

「構え～前寄足～後拳直突」のときによく見られる悪い点は、前足と後足が一直線上に重なった構えになることである。中でも前後の足が重なっていると、本人は後拳直突で腰が捻れていると錯覚し、突いた拳に体重が乗らず、腰が安定せず、体のバランスを崩すことになる。

後拳の伏拳突の場合は、前足は多少外側斜め前に開くと腰が回り、拳に力が乗る。

後拳での面直突を伏拳で突く場合は、波動突が適しており、重い衝撃が伝わる。

上半身の動きが自由に利く面部に対する後拳直突は、前足を内側に固定し、腰を捻り肩を勢いよく回し、スピードをもって突くと拳が切れる（刃物のように切れ味鋭い突きになる）。この場合は、側拳突が適する。

側拳突を仮称「点突き」と表現するならば、伏拳突は「線突き」との表現に値する。

なお、「点突き」と「線突き」の突き方を区別するには、腕や下半身の使い方に工夫がいる。一般に「点突き」は側拳のように縦突きが適している。なお「線突き」は伏拳や波動拳で突くのに向いている。

「点突き」は、鋭角に構えた腕を突くまで保ち、さらに突くときの感覚は木のバチを持ち、太鼓を叩くときの腕の振り方と同じである。これは「打ち突く」という表現が適切かもしれない。この切れる拳で打たれた者は、頭の中の脳を鋭利なもので突かれたように、非常な不愉快さを与えられて戦意をなくす。

一方の「線突き」は、腕を押し伸ばす意識をもって突き、打たれた側は、お寺の大きな重い鐘を突いたときの音のように、脳への衝撃が重く感じられる（比較的に体が重い者の突き方に多く見られる）。

後拳直突するには、後足に少し重心をかけ、後足を利かせて前足を送り出し、腰から始動をすると手打ちになりにくい。身体の上下の縦軸が垂直に保たれることにより、腰の捻りも円滑に運び、体全体のバランスが保たれる。

●連撃での面突

直突で、面部に一つ攻撃ができたならば、二つ三つと相手を追い込み突くことは、攻める側の必要不可欠な要素である。

それに対して、受けてばっかりいれば、いつかは打たれる。このことは攻防の鉄則である。

連撃で突くには、身体上下の垂直軸を保たなければ、攻撃が円滑に運ばなくなる。そのためには、パンチングミットを用いて、打ち方の強弱のリズムや左右で突いたときの体のバランスの保ち方などを学ぶ。

◇パンチングミットの打ち方

始めに指導者の手に左右のパンチングミットを持ってもらい、中段の構えから、初心者はその位置より相手のミットの右手には右拳を突き、ミットの左手には左拳突く。そして、肩腰の入れ方を反復練習しながら身に付ける。

次には、一つのミットに対して、今度は足捌きで踏み込み、左右の連撃直突を繰り返し行う。必ず直突の左右の連撃は、突くコースと突いた拳の戻るコースが同じ軌道を通る。

その次の段階は、指導者が持つ左右のミットに対して、連撃突の中から、何本目かの後拳を強く突いたり、前拳を強く突いたり、リズムとともに強弱を身に付ける。さらに、指導者がランダムに出したミットを素早く打ち分ける。

このような練習により反射神経を養うためにも、ミット打ちは大切な練習法である。

なお、ミットなしの空撃での連撃の稽古方法は、中段に構えてから、前拳突、後拳突、前に踏み込み前拳突、最後に後拳突で1セットとし、30～50セット行う。号令は、最後の後拳突までを一つとして数える。

さらに今度は、後拳から突き、前拳突、後拳突、前に踏み込み、前拳突を1セットとし、30～50セット行う。

パンチングミットへの前拳突（上写真）と後拳突（下写真）。まずは単発で練習してから、左右の連撃も行う。

●後拳の胴直突

突き方には、拳の突いたときの向きがあり、その代表が側拳（縦拳）と伏拳（甲部を上に向けて寝かす）である。

撃力のある胴突のためには、腰の安定が影響を及ぼし、「点突き」よりも「線突き」のほうが加撃力において有効である。

側拳突からの胴突は、重心を極度に落とさず、中段の構えより突くときにいくぶん上体を下げ、相手の胴部に向かって上から斜めの軌道に沿って突く。

これに対して、伏拳突は、前足を外側に移し重心を下げ、相手からの面突に対して、沈身（体を沈めてかわす技）しながら、胴部に直突する

後拳での胴直突も、側拳（右写真）と伏拳（左写真）の二通りある。側拳ではわずかに上体を下げる程度だが、伏拳では大きく身を沈めて突く。

ことが強打につながる。

側拳での胴突は拳が斜めになりやすく、しかも重心を下げすぎると、突いた肘の部分が下へくるために体勢が崩れやすくなる。

一方の伏拳突においては、突いた肘の部分が外側に位置するために、比較的低い状態でも体勢を保つことができる。しかし、上体が沈みすぎて、前拳で相手の面部に横打などができなくなるという負の部分もある。

◎押さえ込み突

日本拳法の大半の競技規則では、どんな大技で相手を投げても、それだけでは一本にならない。しかし、投げにより相手を制し、面部や胴部に対しての規則に定めた突き技は一本とみなされる。

ルールでは、相手の面部や胴部が床面に接して倒れているときは、特に面部などは加撃を与えると危険性があるために、空撃で一本と認められる。ただし、胴部に関しては、相手に強い加撃とならないように突く必要がある。

◇押さえ込み突の要点

倒れている相手の、面部や胴部を片手で押さえ制止し、時には膝などで押さえることもある。相手を制したならば、腰をしっかり四股立などで突ける姿勢を作り、膝の上下の屈伸運動から、突く拳の手首を起こし、面部や胴部に対して上から垂直に気合

押さえ込み突は、投げ技などで倒した相手に行う技。面部には空撃とし（上写真）、胴部には強打にならない程度に当てる（下写真）と一本になる。

とともに突く。普段からの稽古において、押さえ込み突きは左右どちらも突けるように心がける必要がある。

基本の蹴り

顔面部は身体の先端にあるために、その動作は鋭敏である。それに比較すると、腹部はほぼ固定状態といえる。さらに日本拳法では腹部を守るための防具を着けており、その胴は硬く動きづらい。そのために胴部に対する蹴技での攻撃は有効である。しかも、脚力のほうが腕力よりも、長さや強さにおいて優れている。

ただし、もしスピードが半分になったなら、力（運動量）は半減してしまう。一般的には手と比較すれば足は不器用であるが、サッカー選手の足の動きを見ると、稽古次第では手を上回るほどの巧みな動きも可能だろう。

◎揚蹴《あげげり》

揚蹴のコースは、サッカーボールの蹴り方ではないが、下から上に跳ね上げる方向に蹴る。そのため、拳法では相手の構えた上半身が前傾しているときに有効である。しかし、相手の上体が少し反り気味だと、揚蹴の威力が発揮できない。むしろ相手が突いてくると同時に蹴ると、揚蹴が活かされる。この蹴り技を「待ち蹴り」と呼ぶ。

揚蹴は、下から跳ね上げる軌道で蹴る。

◇揚蹴の要点

後足（右）で胴部に対する蹴り方は、まず蹴り足先を軸足（前足）の膝頭の内側へ引き上げる。膝を中心に折り曲げて、足先を下に向ける。蹴り上げるときに足首を反らし、その反動を利かし、同時に足の全指を反らして裏足を作ることが大切である。

このたとえとしては、よく弾力性がある平たい竹をイメージする。この竹の両端を持ってできるだけ内側に折り曲げて、片方の竹の端を放すと、竹が勢いよく復元する。しかし、この竹を半分だけ折り曲げたならば、元に戻る勢いが半減する。これと同様に、蹴り足の膝を半分しか曲げなければ、同じく勢いが半減する。

また、高い目標物を蹴るには、膝頭の上げる位置も高くなり、事前に蹴る高さに応じてどこに膝頭が位置するかが、蹴るための一つのポイントになる。

後足で蹴るには、体重を前足に置き、前足で蹴るには後重心になる。どちら側の足で蹴るにも、軸足への重心の移動が大事な要素である。

稽古方法としては、相手に前拳や後拳を突いてもらい、相手の前拳突に対しては、こちらは前足の揚蹴で応じる。さらに後拳突には後足の揚蹴で応じる。揚蹴は、下から跳ね上げる勢いをもって蹴ることが大切である。そのため、早く蹴れるようになるには左記の稽古は有効といえる。

①壁側に片手を付き、壁側の足（左）を軸足とする。
②反対側の足（右）を軸足の膝頭に引き付ける。
③一本目。引き付けた足（右）の膝～大腿部は水平にし、膝頭（右）の高さを蹴る。
④二本目。一本目の蹴足（右）を再度、膝頭（左）に引き付ける。ただし、一本目より膝（右）は高くし、腹部の高さを蹴る。
⑤三本目。二本目の蹴足（右）を再々度、膝頭（左）に引き付ける。ただし、二本目より膝（右）を高くし、できるだけ高い位置を蹴る。

この三つの高さを蹴ることを1セットとし、蹴り足にスピードをもって繰り返し、左右の蹴りを各5～10セット行う。

◎突蹴《つきげり》

前記の揚蹴は下から上に跳ね上げる蹴り方だが、突蹴は反対に、上から下に向かって踏み蹴るようなコースをたどる蹴り方である。

そのため、蹴った足に体重が乗り、相手を蹴り倒す勢いのある蹴技である。

「縦突蹴」のコースを理解するには、次の仰向けでの稽古がわかりやすい。この足

突蹴は、上から踏みつける軌道で蹴る（写真は、後足で蹴る縦突蹴）。

の軌道が突蹴である。

①蹴る者が仰向けに寝る。

②両足の膝頭を曲げ腹部近くに引き寄せる。

③片方の足より交互に自転車のペダルを踏み込むように、上から下に蹴り込む。

◇縦突蹴の要点

前足部で蹴るには、膝頭を折り曲げできるだけ高く上げ、相手の腹部に踏み込むように足先を伸ばす。裏足（上底部）で蹴るために、足の指先を反らす。

突蹴稽古は、空間に向かって空撃で蹴るとなかなか形が定まらないため、時には技形を崩す。そこで、お互いに股当てと胴を着装して蹴り込みの稽古を行うのが望ましい。後足で蹴る動作は左記となる。

①前足に重心を置く。

②後足の膝頭を高く上げる。

③両腕は腰部に置く。

④軸足の踵を上げ（蹴り込むときに）、相手の胴部を蹴り込む。

他には、左記のように「横突蹴」を用いてコースを理解する方法もある。

①まず、壁に両手を付く。肩を水平に位置し、目は蹴る位置を見る。

②蹴る側の足を軸足の膝頭に引き付け、蹴り足の膝頭は開かない。

横突蹴は、壁に両手を付いて蹴りの軌道を確認して練習すると良い。

③軸足の踵は上げる。
④蹴り足は腹部の高さを上より円弧を描きゆっくり蹴り込み、裏足を蹴り返す。
⑤蹴り足は床面に下ろさず、再度軸足の膝頭に戻す。

この稽古は、蹴るコースを覚えるだけではなく、横突蹴を身に付ける上でも大切である。さらに、足腰の強化と股関節の柔軟性を保つのにも役立つ。左右の足で10回蹴り込み、3セットは行う。

◎横蹴《よこげり》（回蹴《まわしげり》）

ムエタイやキックボクシングの影響であろうか、表足で面部に回蹴をやる者が増えている。しかし、硬い面金で足を負傷することが多いので、要注意である。

相手が逆構えである場合、横蹴だと胴部

横蹴（回蹴）は、相手と構えが左右逆の場合に、後足で蹴ると決まりやすい。

を蹴りやすく、一本が取りやすい。

①蹴る足と反対の軸足の爪先を、大きく開く。

②蹴る目標に対して、腰を中心に肩も旋回する（面部を蹴るときには、両手の構え手を上に構えると足が上がりやすい）。

◎膝蹴《ひざげり》

相手と組打ち状態になったとき、投技に自信を持つ相手は投げることに意識が向き、胴部が開きやすい。その相手の後頭部に手を回し引き付け、前傾姿勢にしたならば、同時に膝蹴攻撃を施す。

膝蹴は片足で蹴るために、瞬間で蹴らないと不安定になり相手から崩される場合もある。

また、金具で覆われた面部は、実際に蹴ると膝を痛める可能性がある。逆に当てると危険な箇所もある。例えば相手の後頭部や、蹴り足を捕まえて制してから股間部などに膝蹴を行う場合である。これらの箇所には、正しい技形から冴えをもって空撃の形で決めると一本となる。

膝蹴は一般には中段の構えより、後足の膝を深く折り曲げ、膝頭を下から突き上げる勢いで蹴る方法や、膝頭を外側より内に向ける蹴り方がある。

いずれも、膝はよく折り曲げて腰を入れて蹴るのが基本ではあるが、時として膝のコースが下から弧を描き、胴部に浅く当たってしまうことがある。そこで、むしろ膝は極端に折り曲げる意識を持たず、また足首を伸ばさず（底屈せず）に蹴り込むと、

膝蹴は、組み合った場面で非常に有効な技である（上写真）。一つの方法として、足首を伸ばさず（底屈せず）に蹴り込むと膝頭が活きる（下写真）。

膝頭が活きる（サンドバッグを押さえず、直接膝で蹴ってみると理解できる）。

◇膝蹴の稽古方法

①両手で掴まえられる平行棒を持ち、後蹴足を平行棒を掴まえている両腕や体と一緒に下に伸ばす。

②次に、両腕を引き付け、膝頭とともに腰を入れて蹴る。蹴る際には、前軸足の踵を上げる（この膝蹴の蹴ったときの状態は、揚蹴で蹴る体勢と同じである）。

10本を1セットとし、左右の後足で3～5セット行う。

二人稽古としては、受手側は手の平を重ねるか、またはミットを持ち、蹴る者は相手の首に手を巻き込み、相手の上体を引き寄せると同時に膝で蹴る。

タイのムエタイ選手は、二人での膝蹴の練習を何ラウンドも行い、膝蹴の技術だけではなく、首や腰の強化に力を入れている（この練習を「首相撲」と呼んでいる）。

◎踏蹴《ふみげり》

倒れている相手の面部や胴部に対して、膝頭を高く上げ、上から下へと踵で踏み下ろす蹴り方である。膝を上げるときには、足先を下に向ける。そして、踏み下ろすときには、足首を曲げ（背屈し）、足の五指をよく反らせて踵の蹴足を作り、この踵に重心を乗せて踏み下ろす。

倒れている相手の面部に対しては、空撃で正しい技形をもって決める（試合におい

踏蹴は、投げ技などで倒した相手を踵で踏み下ろすように蹴る技。

て、倒れている相手の面部に対して、当てることは反則になる)。

◎返し蹴り

蹴ってきた足に対して巴受をし、相手の股間部へ表足や裏足で空撃により返し蹴りを行うと、ポイント(一本)となる。

日本拳法の競技の中で比較的に蹴り技が少ないのは、蹴り足を捕られて返し蹴りを決められるリスクが

返し蹴りは、相手の蹴り足を捕らえて股間へ決める蹴り技。競技では空撃で一本となる。

あるためである。もし、蹴った足を下受で防がれるだけであれば、返し蹴りの懸念がないため、何回でも蹴ることができる。

受《う》手《て》技《わざ》

防御法の受手動作は「円運動」で構成されており、これは日本拳法独自の理論となっている。中段の構えより、開掌拳を用いて、上受・掬受・横受・下受が、受手技の基本四技である。

上受、掬受の円運動は、前手で内側から外側に大きく円を描き、旋回をする。
一方、横受や下受は外側より内側に旋回する。
いずれも、相手からの突きや蹴りの攻撃を受けて、反撃に転じる受手技である。

※右記の円運動や左記の対動円（形則）については、「第6章　四肢の相対形則」にて説明する。

◎対動円からの受手

受手の基本動作の稽古方法は、次のとおりとなる。

①自然立から、両手の平を開いた開掌拳を用いる。
②胸の中心部より顔面部に向かって、手首が頭部を過ぎる。
③内から外(左手は左回り、右手は右回り)に円を描く(水泳の平泳ぎと似た手の動き)。

自然立で行う対動円の基本動作(内から外の回転)。

自然立で行う対動円の基本動作（外から内の回転）。

④次は、円運動を逆回りさせる（円運動は、自分の前の平らな壁をなぞるようにする）。

それぞれの円運動（対動円）を繰り返し行う。

次の段階は、左中段の構えで行う。

①後手はみぞおち部（水月）の位置から動かさず、前手は手刀拳を作る。

②45度方向に、下から上へ向かって外円（左回り）を描き、上受の稽古をする。
③さらに、その円が下に位置すると搠受となる。
④また、前手で内円（右回り）を描くと、顔面部近くが横受（掌拳）となる。
⑤その円が腹部にくると、下受（刀拳）になる。

左中段の構えで行う受手動作（外円：上受〜搠受）。

このように、前手での外円（上受・掬受）、内円（横受・下受）の動作を繰り返し行う。右中段の構えの場合、外円は右回り、内円は左回りとなる。

左中段の構えで行う受手動作（内円：横受～下受）。

◎受手技の基本四技の要点

●上受《うえうけ》

仕掛《しかけ》（相手）からの顔面部への後拳直突の攻撃に対して、撃取《うちとり》（受け手）は半歩後退し、前拳の刀拳で、仕掛の突き腕の手首付近を内側から外に向かい打ち払うように受ける。

仕掛に対する左（右）中段の構えは、体を半身（45度）にして、左右の肩と腰を水

上受は、左中段の構えから左上方向へ打ち払い、相手からの後拳面直突などを受ける。

平にする。上受は刀拳で45度方向に受ける。

上受を反復稽古することにより、仕掛の面突に対して、撃取は半歩後退し（上受しても、しなくとも）、反撃（後拳直突）できる下半身（腰）を作ること大切である。仕掛の後拳突の尽きたところで、すかさず飛び込んで反撃できるようにする。

●横受《よこうけ》

仕掛（相手）からの顔面部に対する後拳直突に対して、撃取は半歩後退し、前手の掌拳にて内側に向け、円弧を描いて仕掛の突いた前腕部付近を横に払って受ける

横受は、左中段の構えから右方向へ払い、相手からの後拳面直突などを受ける。

仕掛の前拳突に対しては、撃取（受け手）は後掌拳で受けるが、内側に円弧を描き払い受けると、続いての仕掛の後拳突の餌食となる。そのため、横受は45度方向に押し横受をする。

●下受《したうけ》

仕掛（相手）からの胴部に対する後拳直突に対して、撃取（受け手）は半歩後退し、前手の刀拳または掌拳で、仕掛の突いた前腕部付近を下に払い落とす。

ただし、刀拳で受けるときは、仕掛の突いた前腕部を上から下に刀で切り払う意識

下受は、左中段の構えから下方向へ払い、相手からの後拳胴直突などを受ける。

を持つ。また、掌拳での受けは下に落とす。

●掬受《すくいうけ》

仕掛（相手）の後揚蹴に対して、撃取（受け手）は半歩後退し、前手の掌拳の内手首付近で掬い受ける。なお、掬受した手は、自分の腹部より20センチほど離し受ける。

仕掛の後蹴に対しては前手で受け、前蹴に対しては後手で受ける。

※受手技の変化八技は、本章では省くことにする（押受、掛受、落受、流受、差受、挟受、

掬受は、左中段の構えから右下方向へ掬い、相手からの蹴り技などを掬い受ける。

重受、巴受)。

躱技《かわしわざ》

相手からの突きや蹴り攻撃を防御するにあたって、受手技以外の体による捌きを用いた防御法である。

足捌きを用いることにより、相手からの当身技だけではなく、関節逆捕技や投技においても重要な反撃躱技になる。

◎反身《そりみ》

顔面部への攻撃(突・横打・外打・斜打・揚打)に対する防ぎ方である。顎を締めて顔を後ろに引くとともに、後足へ上体を移動する。

反身は、顔面部への攻撃を躱す防御法。

すぐに上体を起こして反撃するには、肩は水平に保ち極端に上体を後ろに反らすことなく、腰の構えをしっかり作っておく。後足に体重をかけて上体を支え、後足の伸張力で上体を起こし、後足の踏ん張りを利かして撃ち込む。

◎側身《よこみ》（捻身《ひねりみ》）

相手が突いてきた拳の外側へ躱すのが外側身、この反対に、相手の突きの内側へ躱すのを内側身という。

左側身は、顔面部への後拳直突（右）に対して、前足（左）を左斜め前に出し、上体を捻り気味に前屈し、前足に重心を移動する（後拳で相手の胴部を突くときの体勢と同じ）。

後拳の面突に対して、上体を左側へ避けながら、同時に前足を左側に移動し、上体と腰を捻って、後拳の突きを胴または面に反撃する。

右側身は、前拳直突（左）に対して、後手（右）で横受けし、胴部に前屈から前拳突をする（後手で受けているので、前拳を突くことで体の捻りができる）。

前拳の面突に対して、後足を右側に移動し、その上に上体を移し、前拳の突を胴または面に反撃する。なお、右側身では、後足移動とともに前足を右側へ移動する場合もある。

左側身は、相手からの右後拳による面直突に有効な防御法となる。

右側身は、相手からの左前拳による面直突に有効な防御法となる。

◎沈身《しずみ》

顔面部への突き、打ちに対して行う。膝を曲げ足幅を広げ、相手の拳より低く体を沈めて躱し、同時に胴突する。前拳突の場合は、両足を開いて腰を落とし、四股立ちで突く。

沈身は、相手からの顔面部への攻撃に対して行い、胴突を合わせると効果的。

◎潜身《くぐりみ》

顔面部への突き、横打に対して行う。頭の旋回と同時に膝を曲げ上体を前屈して、相手の腕の下側を抜ける。上体を前屈するときには、帯の結び目を見て、頭から上体を一緒に旋回する。

潜身は、顔面部への攻撃を潜るように頭部を旋回する防御法（写真は右回り）。

潜身（左回り）。

◎退身《ひきみ》

胴部への突き・打ち・蹴りの攻撃に対して行う。体を後方へ退き落とし、後足（右）に重心を乗せ、自らの腹部を屈《かが》める。前足（左）は爪先立ちになる。

蹴技に対しては、掬受や巴受を併用すると有効な躱技になる。突きや打ちに対しては攻撃を躱してから、復元力を利用して前拳や後拳直突での反撃稽古を行う。

◎開身《ひらきみ》

突きや打ちに対して、左または右の側方へ体を開いて躱す技である。足捌きは「転足」の動作を行う（足捌きの「転足」は、92〜93頁参照）。

退身は、胴部への攻撃に対して腹部を退いて躱す防御法。

左開身は、左中段の構えから、左足、右足の順で素早く足捌きして、相手の右の後拳面突などを躱す技法。

右開身は、左中段の構えから、右足、左足の順で素早く足捌きして右構えになり、相手の左の前拳面突などを躱す技法。

左開身は、相手の後拳（右）の面突等に対して、左転足にて開身を行う。

右開身は、相手の前拳（左）の面突等に対して、右転足にて開身を行う（右構えとなる）。

手拳により並動円を交えて行うと有効である。相手の後拳横打（右）を上受から体を開くと投技の虚車になる。その他、当身技や関節逆捕技の稽古になる。

左開身

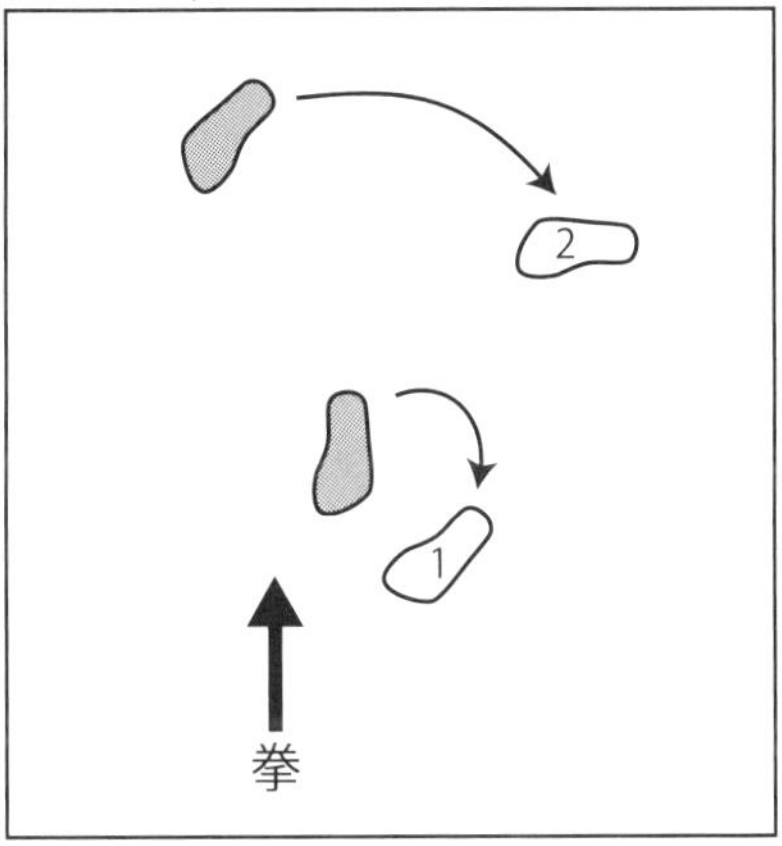

右開身

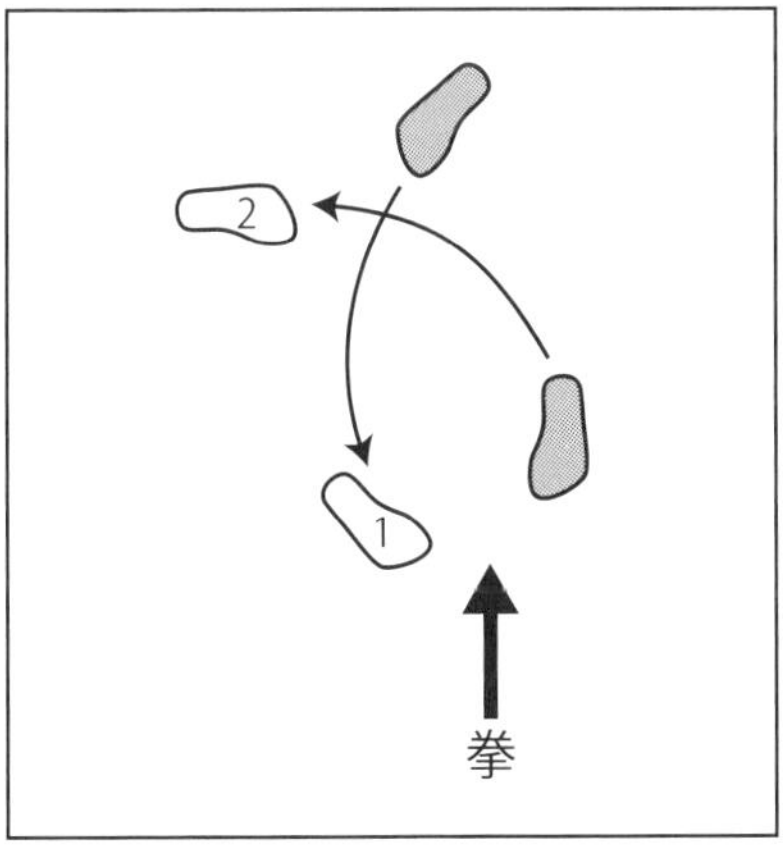

第5章

日本拳法の組打ち技

拳法のレベルを底上げする組技

日本拳法の競技の多くは打撃技で決まるが、組技が弱ければ勝負に対して自信が持てなくなるために、一流選手にはなれない。

組打ち技は投技が中心であるが、相手が投げに転じるときに首に巻きつけてきた腕に対して関節への逆捕を施したり、また、相手が強引に組み付いてくるところを膝蹴で一本を取ることもある。

技を施すのには、良い頃合いが大切であり、相手の弱点をいち早く把捉しなければならない。

二本足の人間は、小石につまずいて転倒することがある。時と場合によっては、無理なく相手を倒すことができる。せっかく投げや関節逆捕の絶好の機会があっても、技を知らないために好機を逃す場面が見受けられる。

色々な組技は形練習によって正確に学び取り、それを防具練習で変化させ、実技に対応できるように独自の形に完成する必要がある。

受身稽古

投技の稽古をするには、まず受身を身に付けなければならない。

特に防具を着けての競技では、顔面部を保護する金属製の防具に若干の重みがあるために身体の動きが鈍くなり、技によっては後ろに倒れた勢いで、後頭部を打ちやすい。

そのためにも、普段の稽古でも準備運動の後に受身稽古を取り入れる必要がある。

受身には、後ろ受身、横受身、前受身、前回り受身の大きく四つに分けられる。

◎後ろ受身

●稽古1　長座姿勢から

①臀部（尻）を床面に着け、両脚部は揃えて前に伸ばす（横から見るとL字型姿勢）。

②両腕は真っ直ぐ肩の高さに伸ばし、手は重ねる。

③後ろに倒れ、目線は帯の結び目を見て、両脚は揃えて45度角度に上げ止め（背中は丸くなる）、後ろに倒れ背中が着くと同時に、両手は甲を上にして指を伸ばし、腕全体で床面を叩く。

④元の姿勢に戻り、何回も稽古する。後ろ受身の要点は、後頭部を床面に着けない稽古でもある。

長座姿勢から行う、後ろ受身の練習。

●稽古2　蹲踞姿勢から

①両膝は深く曲げて外側に開き、踵を上げた中腰の姿勢（蹲踞姿勢）になる。両腕は

真っ直ぐ肩の高さに伸ばし、手は重ねる。
②稽古1の要領で、後ろに転がる（背中は丸くなる姿勢）。
③すぐに元の蹲踞姿勢に戻り、何回も繰り返し稽古する。

蹲踞姿勢から行う、後ろ受身の練習。

●稽古3　立ち姿勢から

①立った姿勢から、両膝を揃えたまま、腰を低くし両脚を深く曲げる。両腕は真っ直ぐ肩の高さに伸ばし、手は重ねる。
②稽古2の要領で、後ろに転がる（背中は丸くなる姿勢）。

立ち姿勢から行う、後ろ受身の練習。

③すぐに元の立ち姿勢に戻り、何回も繰り返し稽古する。

◎横受身

●稽古1　蹲踞姿勢から

①両膝は深く曲げて外側に開き、踵を上げた中腰の姿勢（蹲踞姿勢）より、右腕を右

肩の高さに上げる。

②右脚は、足を払うように伸ばしながら右脚・右手は左斜め前に振り上げ、体を右斜め後ろに倒し、右の背中半分位が床面に着いたら右腕で床面を強く打ち、右横受身とする。

③続いて、同じ要領で左側の横受身を反復稽古する。

蹲踞姿勢から行う、横受身の練習。

●稽古2 立ち姿勢から

自然立から、右足を一足分前に出し、右腕を肩の高さ左前方に振り上げながら、右脚は足払う要領で、左膝を折り曲げ、右の背中半分が床面に接したら、右腕で床面を強く打ち、両脚は左斜め前に上げる。

立ち姿勢から行う、横受身の練習。

◎前受身

●稽古1　立て膝姿勢から

①両膝を床面に着け、両爪先は立て、上体は真っ直ぐ伸ばした立て膝姿勢から。

②両腕を前に出しながら体を前に倒し、両手をハの字に向かい合わせて床面に着け、両肘、両膝も床面に着けて体を支える。

立て膝姿勢から行う、前受身の練習。

③身に付いてきたら、前に倒すときに腰や膝を伸ばし、両爪先立ちになる。

●稽古2　立ち姿勢から

自然立から体を真っ直ぐ倒しながら、両腕を前に出し、両肘を曲げて、両手の平と両肘、両足爪先で床面を押さえつけて体を支える。

顔・胸・腹・膝などを床面に打たないようにすることが大切である。

立ち姿勢から行う、前受身の練習。

◎前回り受身

●稽古1
腕と脚の打ち方稽古

①仰向けに寝て、両脚を上に上げ、両手も脚に沿って上げ、左右の受身を身に付ける。

②始めに、上げた両脚と体は右側に倒し、同時に両脚と右腕は強く床面を打つ。

打った腕と体の角度は30～40度を保ち、左手は帯

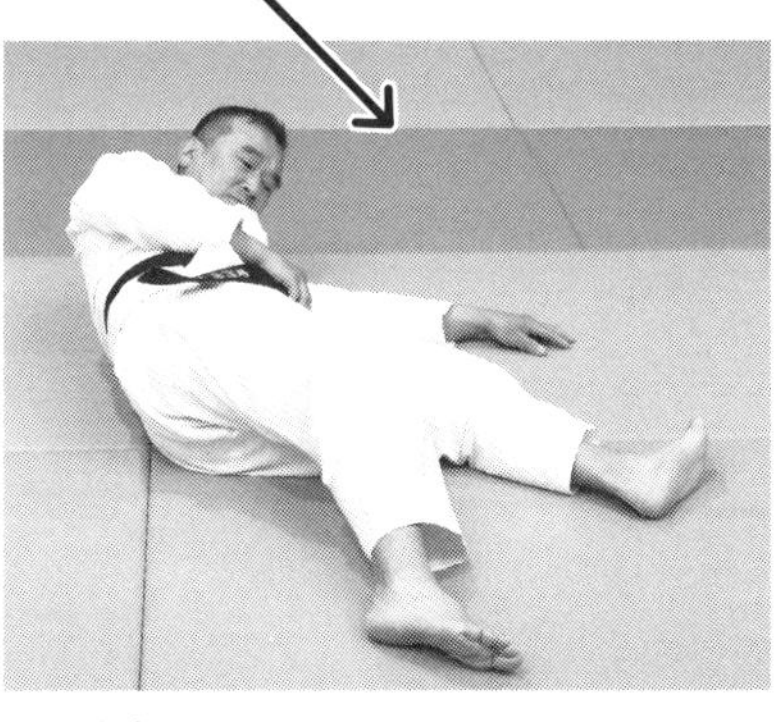

前回り受身の準備練習としての、腕と脚の打ち方稽古。

の結び目付近に置く。目は同じ左手位置（帯の結び目）を見て、頭は床に着けない。両脚は膝を曲げ、下になっている右脚が前、上になっている。左脚が後ろになるように開く。両足が重なってぶつからないように少し幅をもたせ、背中はエビのように丸くなる。

③体を左側に倒し、左脚が前、右脚が後ろになるように両脚は膝を曲げ開き、左腕と両脚で強く床面を打つ。打たなかった手は帯結び目に引き付けておく。

④左右何回も行う。

●稽古2　前回り受身の基本

①自然体立ち（両足は一直線に肩幅の広さを保ち、両爪先は開く）になる。

②右足を一足分前に出し、左手は左足の一足分前（右足が前に出た位置）に内側を向けて床面に着ける。右手は、先に着いている左手と右足爪先の位置を線で結び、その中間に右手指先を内側に回し、手の平を着く。

③腰を上げ、顎を引き、体を前に乗り出し背中を丸くして、右手・右肘・右肩・背中・左腰の順に床面に着いて前方に回転する。左腕、両脚で強く床面を打つ（初心のう

ちは、回転してから静止するが、体得してきたならば、回転を利用して起き上がる）。

④左も同じ要領で稽古する。

●稽古3
二人稽古

①両者はお互いの手首付近を持つ（右手は右手同士で持ち、または左手は左手同士で持つ。お互いの手

立ち姿勢から行う、前回り受身の練習。

はクロスする）。

②右手で持っている腕の上を頭部より飛び越え回転する。床面に受身状態のとき、相手側は持っている手首を引き上げると、頭部が床面に接触することを防げる。

③左手の場合は、左腕を飛び越える。左右の練習を繰り返し行う（両脚や腕の床面に対する打ち方「受

前回り受身の二人稽古。床面で頭部を打たないように互いにフォローする。

身の方法」は稽古1・2と同じ)。

投技

投技に自信があると、相手に対して積極的に打撃攻撃により間合いを詰めることができ、戦いを優位に運ぶことができる。

また「当身技」は、審判(三人)の見る角度によって、三者の判定が相違する局面もある。しかし、「投技」によって、倒れている相手に攻撃を加え、いずれか一人の審判が一本を宣言したときは、他の二人の審判はその判定に従わなければならない競技規程になっている。これは、組打ち技の有利な一面である。

まず、組技では特に大切な正しい姿勢について、理解しておきたい。

◎正しい姿勢とは

①力学的に安定している。

②筋肉の無駄な力を抜いている（身体に固さがなく悠然としていること）。
③内臓を圧迫していない。

正しい姿勢の中から技の変化は生まれ、組技を有利に導く。

組技の弱い者は、相手に組まれると体がくの字に曲がり、体の大事なバランス軸を自ら崩して逃げ腰になってしまう。そのため、相手からの膝蹴りや大内刈りの対象にされることとなる。

◎組み方について

柔道では、片手で相手の襟を、もう一方で相手の袖を掴む。相撲はまわしを有利に取ることによって勝敗を大きく左右する。

日本拳法では手にグローブを着けているため、掴むことは困難である。また、防具を掴むと反則になる。そのため、有利になる組み方は、相手の首筋に手を巻き、強い引き付けによって相手の平衡感覚を崩し、動きを鈍らすことである。

このときの注意点は、首に巻き付けた腕は伸ばしきらないことである。伸ばしきると力が逃げ、相手から関節逆捕技の対象になるからである。

◎崩しについて

相手を、不安定で動きのとれない姿勢にすることを「崩し」という。

正しく立ってる相手を投げるのは体力の差がないと難しい。だが相手の姿勢を崩せれば、わずかな力で投げることができる。

相手を崩す方法は、次のとおりである。押す、引く、開く、捻る、いなす(急に身を躱し、相手をよろめかすこと)。

◎技の種類

投技の種類は、足技、腰技、手技、捨身の大きく四つに分けられる。ここでは、それらの代表的な技を紹介する。

◎足技

●膝車《ひざぐるま》

①利き手（右）を相手の首筋に巻き付ける。

②前足（左）を相手の右足外側に移動させる。

③相手の左膝に自分の後足裏の上底部（右）を当て、同時に右手で首を捻る。

POINT

自らの体は反り気味で、相手の右外へ移動し瞬時に捻る。

膝車は、相手の膝に前足底部を当て、首を捻って倒す技法。

大内刈りは、互いの膝裏を合わせるようにして刈り倒す技法。

●大内刈《おおうちが》り

①利き手（右）を相手の首筋に巻き、力強く引き付ける。左手は相手の右手を制する。
②継足を用いて相手に身を寄せる。
③相手の左足をこちらの右足で、互いの膝裏が合うように一気に刈り倒す。

POINT
相手の首筋に巻き付けた側の脇を締め、力強く前に崩すと、相手は反動で腰を引く、その瞬間に刈る。

●出足払い

①相手が前に移動し、前足（左）に体重が乗る瞬間に技を施す。
②自らの後足（右）を右に若干移動し、前足（左）も爪先が開き気味で右前に若干移動する（膝を少し曲げ相手の前足外側に踏み込む）。
③後足裏の上底部で、相手の前足のくるぶしから踵あたりを足先方向に払う（相手が

出足払いは、相手が前に出るとき、前足に体重が乗る直前に払う技法。

前進の際、歩幅が広く前足の爪先を上げながらの足捌きに有効）。

●送り足払い

組打ちの後、相手が一歩後退した瞬間前足を、自らの後足裏で払う（相手の後退する力を利用し、下がり端を払う）。

POINT

組み付いた後、相手を突き放す。掌拳で相手の顎を押し上げることが有効（相手の顔面部に意識を集中させておくため）。

送り足払いは、相手が後ろに下がるとき、前足が上がった瞬間に払う技法。

●刈倒《かりたお》し

①相手の前拳（左）直突に対して、後（右）横受け、後足（右）を相手の前足（左）外へ踏み替え、左手は相手の右胸上部に刀拳をあてる。

②足の膝裏を、相手の左膝裏と合うようにする。

③左の刀拳は胸上部から首肩付近を小指方向に落とし、相手の姿勢を後ろに崩し、同時に左足で刈り倒す。

POINT

左の脇を締め気味で、刀拳は相手の右胸上部より肩上部まで滑らし、小指方向に落とした腕は相手の顎を制止する。

刈倒しは、互いの膝裏を合わせ、首肩付近を刀拳で崩しながら足で刈り倒す技法。

◎腰技《こしわざ》

●腰投《こしなげ》

①相手の左面突に対して左横受をして、相手の右足内側に自らの右足を踏み込むと同時に、右手を相手の左腰より差し入れる。
②右足を軸にして左に回転し、左足を相手の左足内側に引き付ける。
③相手の左右の内股に腰を密着させ、右手の親指方向に抜き上げるようにして腰に乗せる。曲げた膝を伸ばすと同時に、右手を親指方向に巻き込む。

POINT

腰を入れ、右手で相手の腰に手を回し、腰から離れるのを防ぐために、体を手で押さえる動作を多く見かける。実際はむしろ、右手は親指方向に巻き込む手の活かし方が重要。

右手の使い方は、相手の腰が邪魔をして投げに影響を与えるときに、腰をむしろ横腰投は、相手と密着して自らの腰に相手を乗せ、巻き込んで投げる技法。

に外し、左手の流れの方向性が活きる。

●一本背負投

投技や膝蹴りなどは首に手を巻くことで有利になるために、その腕を巻き込みながら背負う、一本背負投は有効な技である。

大技なため、投げられた者は心理的ダメージを受け、後の試合にも影響をきたす。

①相手の右面斜打に対して左真上受をし、左手で相手の右手を引き付ける。

②すかさず後足（右）を相手の右足付近に腰を低く位置し、右手は相手の右脇下に、親指が上に向く方向で当てがう。前足（左）は、相手の左足付近に踏み込む。左足と右足はハの字になり、相手の両足と平行に入り、「おんぶ」するような腰の姿勢になる。

③右手は相手の脇下に密着し、右腕を抱え込んで両膝頭を伸ばして投げる。

1

2

3

4

5

一本背負投は、相手の脇下に腕を差し入れつつ、背を向けて低い体勢で密着し、背中越しに投げる技法。

◎手技《てわざ》

●膝蹴返《ひざげりがえ》し

相手の膝蹴に対してその膝を受け、支え足を払って投げる。そのために、相手の膝蹴に素早く対応できる体勢を作ることが要点になる。

①相手の首に巻き付けた利き手（右）を右下に引き付け、相手の重心が左足に乗るようにする。

②相手の右膝蹴に対して、再度首に巻いた手は右下に引き付ける。そのために、相手の膝蹴りは真っ直ぐに蹴れなくなる（膝頭が開く）。

③相手の膝蹴と同時に、体を反らし、相手の膝頭が開いた箇所に、左手で差し受けし、相手の支え足を後足（右）で払い投げる。

膝蹴返しは、相手の膝蹴を差し受けして、支え足を払って倒す技法。

POINT

腰を引いて逃げると膝蹴の攻撃の的になるために、相手の膝蹴と同時に上体を起こす必要がある。自らの左足を少し前に出し、同時に体を反らす（投げそこなっても相手の膝蹴は防げる）。

●蹴捕《けりどり》大内刈《おおうちがり》

日本拳法の蹴り技に対する受け方は独創性があり、受手からの反撃は返し蹴りや投技などに対応している。

①揚蹴に対して、半歩後退しながら掌拳前腕部内手首の箇所で下から掬いとるように受け、もう一方の手は巴形に上から重ねる（巴受）。

②巴受した相手の足を、自分の体の左外にずらし、左手は相手の太腿部へ移動し、右手は腰部にあてがう。

③相手の体を両手に抱きかかえるようにして、相手の軸足を内から刈り倒す。

蹴捕大内刈は、相手の蹴り足を巴受してから、軸足を内から刈って倒す技法。

◎捨て身技

●腕巻き込み落とし

捨て身技は意外性があり、虚実を用いる技のため、相手の意識や力を利用し技を施す。しかし、捨て身技だけに相手に感付かれると逆効果になる。

①組技において、接近したとき、相手の利き腕（右）で首に腕を巻かれる。

②自らは、左足前の半身構えから相手の腕が巻き付いた瞬間を利用して後足（右）を、自分の前足（左）横に揃える。同時に、右手は相手の脇の下に親指が上になるように差し入れる。左手は相手が首に巻き付けている腕（右）をあてがう。

③あてがった手はそのままに、差し入れた手を大きく巻き込みながら、下に体を落とす（仰向けに寝る状態）。床面に上体が接する前に左に回転し、相手の体を投げ飛ばす。

腕巻き込み落としは、相手の片腕を捕って自らの体重をあずけながら落とすことで投げる捨て身技。

※この技は高度な体の使い方であるが、繰り返しの稽古で身に付くと、ほとんど力は要さないので、体の小さな者に適している投げ技である。

関節逆捕技《かんせつぎゃくどりわざ》

突き、蹴りが攻撃的な技であるとすれば、関節技は守りの技であり、相手の関節の生理的弱点を利用して技を施す。

拳法は当身技が中心であるためか、比較的に関節の基礎知識をしっかり身に付けている者は少なく、競技中において関節逆捕技のチャンスを逃す選手が多い。

関節逆捕技を修得すると、投技に自信がある者に対して、防ぐことができるとともに、相手に精神的威圧を与え、組打技を有利に導ける。

◎関節逆捕技とは

相手の諸関節（肩、肘、手首、手指、膝、足首）を可動範囲以上にねじったり、曲げたり、伸ばしたりする。

関節を捕るためには、自分の胸、手、脇の下、膝などを使い、相手を押さえ込んだり、投げたり、払ったりする（日本拳法の競技では、関節逆捕で相手の腕などに、こちらが体をあずけての逆取りは反則になる）。

◎関節逆捕技の心得

●関節部の生理的弱点の把握

逆捕をするには形だけ覚えるのではなく、関節部の急所（ツボ）を覚える。それにより技の応用範囲が広がり、競技から護身術へと適用ができる。

●力の方向を知る

力には方向がある。相手の力がどこに加わっているかを知ることにより、相手の力を合理的に利用することができる。

●反復稽古によって「勘」を養う

関節部の急所（ツボ）や力の方向性を理解することができても、反復練習なしには、上達は望めない。

関節部でも、急所に入ると形相が変わるぐらい痛いが、同じツボを初心者に「ここがツボだ」と教えてもなかなか決まらない。

しかし、何回か繰り返し稽古をすることによって、自然に相手のツボに攻撃の手がいくものである。ツボはもともと人によってずれており、東洋医学のベテランの指圧師は、患部のツボに自然と指がいくと聞いている。技を繰り返し稽古することによって勘が働き、相手のツボがわかるものである。

◎準備動作（関節部の柔軟と強化）

関節技の稽古では、骨や筋を痛めることが多い。そのため、稽古を始める前に必ず関節部（手首・肘・肩）の柔軟性や強さを高める準備を入念に行う。

●準備動作の目的

苦痛を和らげる。危険防止。技の効果を高める。相手の技の効果を弱める。

●運動方法

○手首、肘、肩左右の回転

始めに手首、肘、肩の順で行う。

○手首、肘、肩の捻り

逆手を捕られたことを想定し、ゆっくり、手首、肘、肩などを捻り、しばらく止める。または、自分のもう片方の手で捻る。

○肩関節伸ばし

両手を上げて後ろに伸ばす。

背筋を伸ばして体を前方に折り曲げ、両方の掌を壁あるいは、お互いの両肩に乗せ、上下反動運動を行う。

○手首強化

軽い鉄アレイを持ち、上下左右、回転運動を行う。手の甲を床に着け、腕立て伏せを行う（重量のある者は、逆に手首を痛めることもあるので、十分に手首の柔軟運動を行う）。

拳法の基本突きである波動突を行うのも有効。

◎関節逆捕技の基本練習において

腕の動きは、突いたり組んだりする攻防に大きく貢献しているが、不用意な動きをすると、逆捕技の餌食になりやすい。

腕の力は、付け根より先へいくほど弱くなる。反対に、腕と体が一体となり合理的に運用されることによって、大きなパワーが生まれる。

逆捕技をよく稽古すれば、力を合理的に用いることを覚え、技の応用範囲が広がる。

さらに、的確に逆捕のツボに技が決まると、相手は自由を失い、心理的ダメージを与えることもできる。

◎小手《こて》捻捕《ひねりどり》

①両者向かい合う（自然立）。
②相手の左手で、自分の右手首（利き腕）を握らせる（片手捕り）。
③自ら右斜め前に体を移動し、右手首を右斜め上へ回し上げる。
④突き上げた相手の手の中指付近を左手親指であてがい、他の指は中指を中心に手首を押さえる。
⑤両親指に力を入れ、相手の手首を内側に屈折し、後ろに引き込む。

POINT

●相手に手首を捕られたとき、捕られた自分の手を強く握りしめ、技を施すときに手を開く（相手の握りしめている手が、若干開くため）。

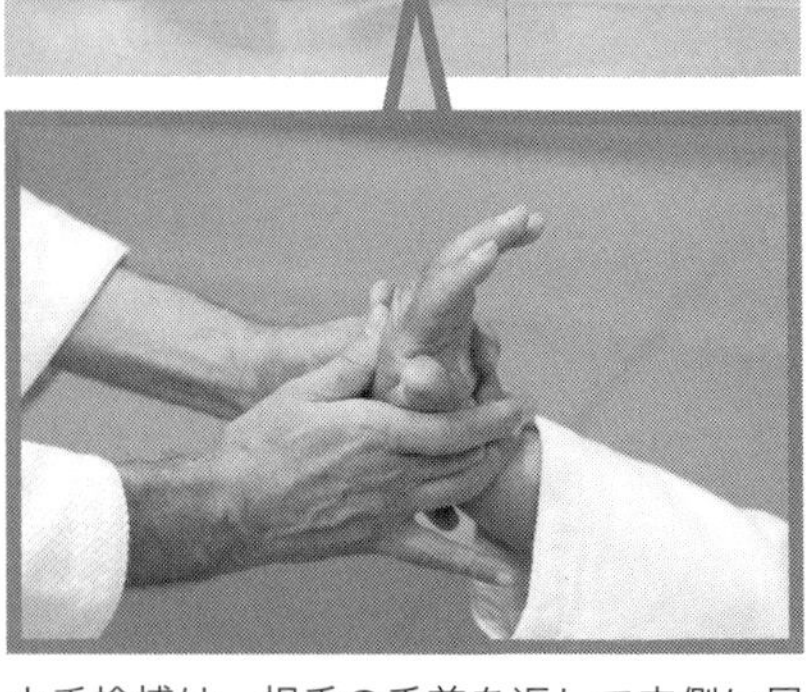

小手捻捕は、相手の手首を返して内側に屈折して極める技法。

●腕の力だけに頼らず、体と一緒に移動する。

◎小手返捕《こてがえしどり》

①両者向かい合う（自然立）。
②相手の左手で、自分の右手首（利き腕）を握らせる（片手捕り）。
③自分の左足を半歩後に引くと同時に、捕られた手で刀拳を作り、自分の胸に引き付ける。
④胸に引き付けた相手の手を、残りの手（左手）で捕り、手前に返す。
⑤自分の右手の平を、相手の左手に重ね、右斜前に体ごと移動する。

POINT

●手順④で相手の手を掴む位置は、親指を相手の手の甲側小指の根元関節部に、他の指は中指を中心に。相手の手の平、親指の根元付近を握り、相手の親指が上部にくるように捻る。

小手返捕は、掴まれた手を刀拳にして引き付けてもう一方の手で捕り返し、その手首を捻り倒して極める技法。

●右の手は、捻った相手の手の甲部を、手の平で押さえる。
●相手の捕った手首を、内折逆にしながら外側へ捻る。
※はじめは、両者とも力まず、流れを学びながら技を施す。反復稽古の成果が上がってきたなら、腕を掴む者はいくぶん力を加えコントロールする。技を施す者は、相手の力の方向を察し、相手の力が内方向に入れてあれば小手返捕りをする。その反対は小手捻捕を施す。

◎逆手押捕《ぎゃくておさえどり》

①相手の左面突に対して上受し、相手の左手首を内側に折る。
②右足を半歩前に踏み出し、右手は相手の肘と肩との中間付近を刀拳で下から上へ回し込んで押さえる。同時に左足を若干前に出す。

POINT

●右の刀拳は、相手の腕をいきなり押さえ込まず、下から上へ、小指方向に巻き込むこと。

●刀拳の押さえ方は、小指に力を入れ引き気味にする。握った左手はいくぶん前に押し気味にする。

逆手押捕は、相手の腕を捕り、肘を伸ばして下方に押さえて極める技法。

第6章

四肢の相対形則

日本拳法の道とは

拳法とは、人間の素質として眠っている。それが練習によって、よみがえり、育成するのである。

日本拳法宗家　澤山宗海

『五輪書』を残した宮本武蔵は、修練を積んで心身を鍛える「鍛練」について、千日の稽古を積んだことを「鍛」、万日続けることを「練」と述べている。

刀剣の世界において、日本刀を鍛造する最初の段階は「鍛」という。これは、固さや強さを作るのが狙いである。

しかし、これだけでは刃がこぼれたり折れたりするために、柔らかい火で焼きを入れ、柔軟性を作る必要がある。この段階を「錬」という。この「錬」が十分に入ってはじめて、実戦に役立つ刀になる。名刀の誉れ高いものはこの柔軟さに優れている。

人も同じで、若いころは血気盛んで力があるが挫折しやすい。だが人生の苦楽をなめてきた人は、歳を重ねることにより魅力が醸し出される。

日本拳法の稽古においても、「鉄は熱いうちに打て」との教えのように、はじめのうちは強さを求めて、繰り返し修練を積み、高段者になるにつれ、柔らかさを育て、稽古をすることである。すなわち、鍛錬稽古は生涯にわたって取り組むことを目指す。これが「修行」で、決して卒業や終業の「修業」の字を使いたくない。

一方、稽古とは、古きを稽《かんが》えることを意味し、先人が遺してくれた教えや考えを調べ行うことをいう。

われわれ修練者は、これらの技形を学び、生涯にわたり稽古に努めたい。


「拳法とは、大生命力にふれるために小さな自我を撃破する道である」

人間の生命は、大宇宙の生命、それは天地自然、森羅万象一切に及んでいる。大宇宙の生命は、われわれを支配する。普通われわれは、小さな自我にとらわれて、このような大生命力を理解し得ないが、この大生命力を自覚するとき、われらは素晴らしい力を得ることができる。

日本拳法協会最高師範　森良之祐

相対形則（四直《しちょく》四円《しえん》の形則）

日本拳法は、四肢(手足)の運動で作られている。左手で受けて右拳で打つとか、また、右拳の突きと右足の蹴りの連撃をするというのが、それである。

この左手と右拳、あるいは右拳と右足を結びつけて一つの身体運動として見ると、お互いに関連性のある運動をすることがわかる。つまり、左手と右拳、また右拳と右足は、お互いに対照体となって、相対運動をしているのである。

この相対運動は、常にある一定の形則を持つ。これを「相対形則」という。

上記は、二つの対照体の二元的な相対形則である。だが、実際は四肢の運動であり、四つの対照体を持つ四元的な相対形則となる（本章では、四元的相対形則は省く）。

◎四直四円の形則について

四肢（手足）が空間に描く運動の線状を、直動、および円動とする。これをもって、二元的な対照の相対運動の形則を分析すると、「四直四円の形則」となる。四直四円の形則（並動形則、対動形則、交動形則、互動形則）を知識として覚えることはもちろん、体に覚え込ませることにより、技術として活用できる。

以下、稽古方法について述べる（図を参照）。

※稽古を行うときは、平行立や自然立にて、両手を開掌して胸のところにもってきた姿勢をとる。

◎並動形則《へいどうけいそく》

●並動円（形則）

①開掌された両手は正面に向け、胸の高さと肩幅の広さで肘を締めた姿勢を取る。

②左右両手で、頭部に向かって右に円を数回描いたら、次は左に同じように円を描く。

◇左上受と同時に右面横打、刀で切る、野球のバットスイングの軌道。

●並動直（形則）

①手の位置は、みぞおち（水月）の高さから左右の胴体につけ、両手首を観音様のように真上に起こ

並動円

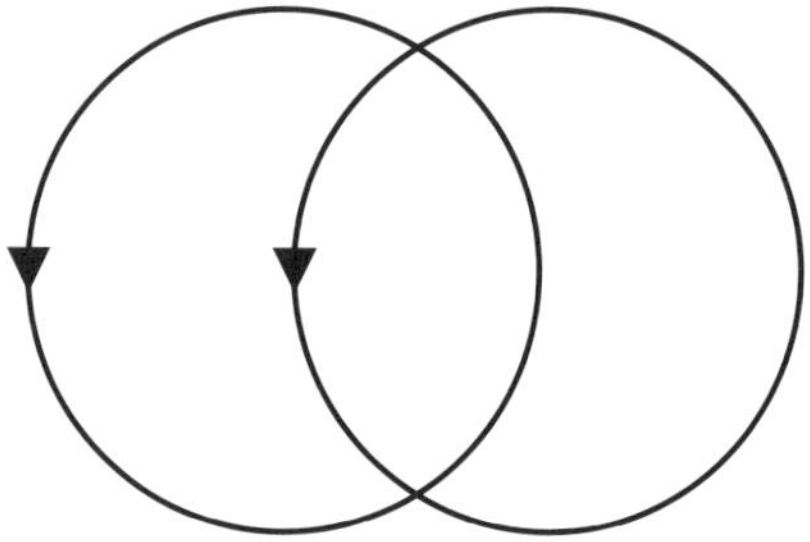

並動直

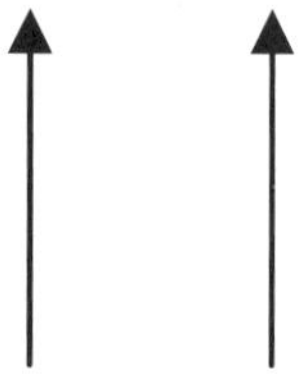

す（手の甲が上になる伏拳の構えになる）。

②両拳を同時に、肩幅の広さと高さに突き出す（双手突からの波動突への稽古をする）。

◇双手突、剣や槍の突きなどの軌道。

◎対動形則《たいどうけいそく》

●対動円（形則）

並動円では両手が同方向に円を描いたが、対動円の方向は左右別々に描く。左右の円は、体の内側から外に向かう内円（125頁写真）と、反対の外円（126頁写真参照）に分かれる。内円、外円を数回繰り返し行う。

対動円

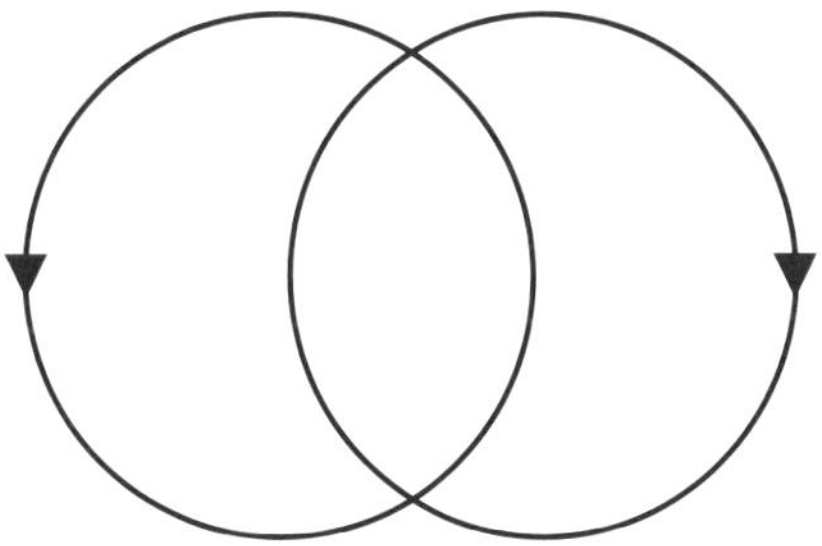

◇挟み受（合掌受）して逆取技で脇捕、左横受と同時に右胴横打、水泳の平泳ぎの軌道。

●対動直（形則）

両手を左右の両側方に伸ばし、縮める。

◇弓を引くときの軌道。

◎交動形則《こうどうけいそく》

●交動円（形則）

対動円は左右同時に内から外円、外円から内円に描いたが、交動円は左手が内円に対して、右手は外円を、左手が外円に対して右手は内円を描く。

左右の手が交差するときは胸付近で交わる。

対動直

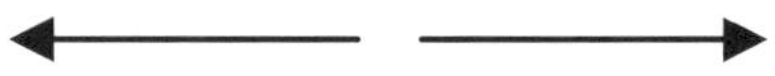

◇上受と横打、横受と外打、下受と外打、掬受と斜内などの軌道。

●交動直（形則）

左右いずれかの手を前に伸ばしてから、左右を交互に伸縮させる。

◇左右の直突の軌道。

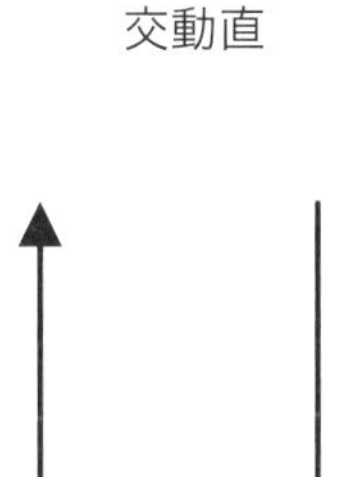

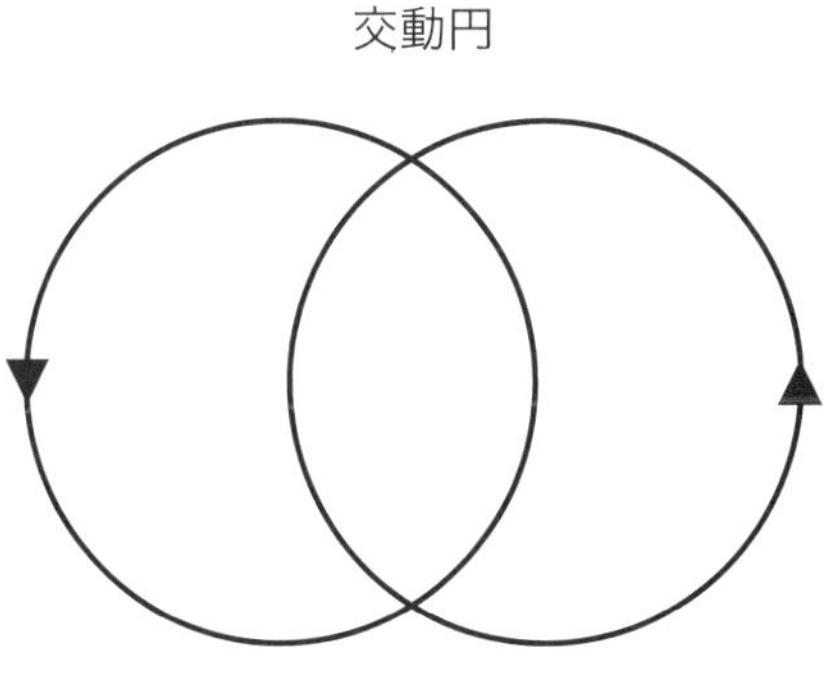

◎互動形則《ごどうけいそく》

●互動円（形則）

右（左）手を上へ外円、左（右）手を下へ内円、と同時に回転させる。

左右の手が、対動円や交動円のように胸付近で交わらない。左手が上のときは、右手は下の位置と時差がある。

◇左横受と右横打、左右横打の連撃、左揚打と右斜打の連撃、水泳のクロールなどの軌道。

●互動直（形則）

左右いずれかの手を側方へ伸ばしてから、両手を

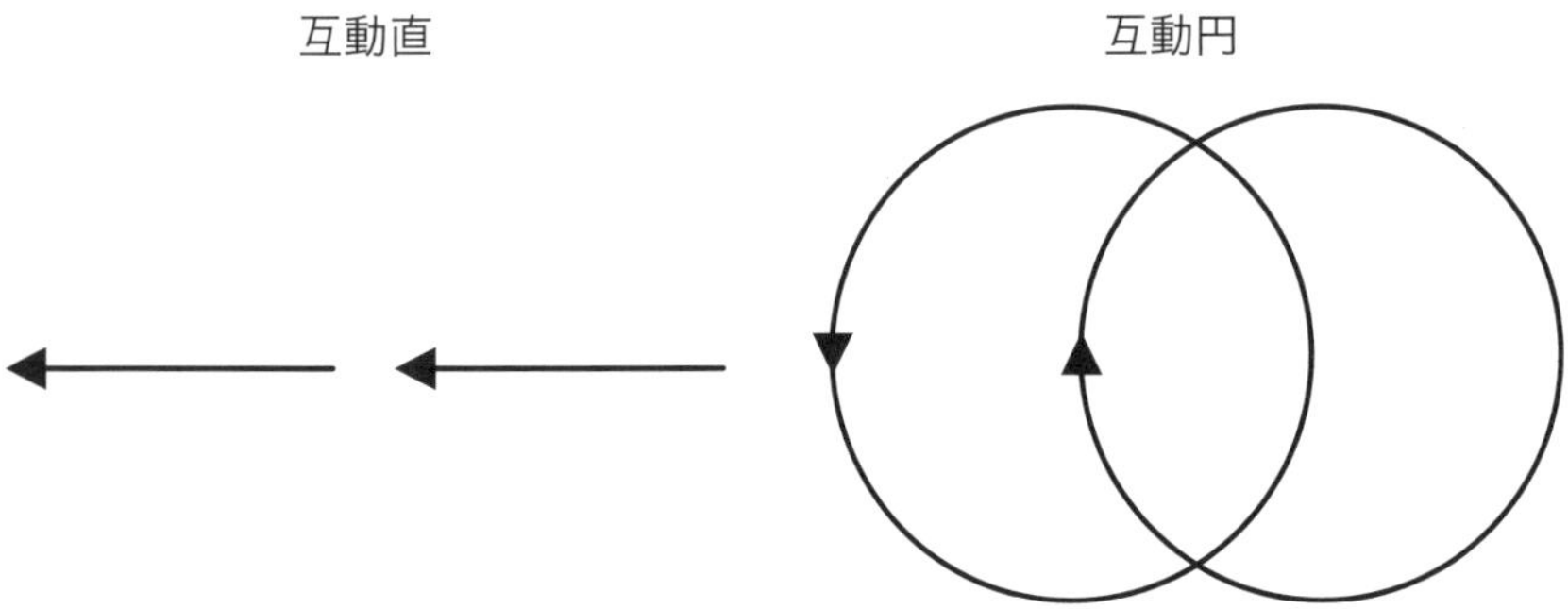

側方へ交互に伸縮させる。

※実際の技術にあっては、直動と円動とが相対的な連携を持つ場合が多い。受技と突との連携、打と突との連携などがそうである。この「直円の形則」については、本章では省く。

※図の直線と円線は、手の運動線である。

矢印は両手の運動の方向であり、矢印の位置は手の位置を示す。

両形則ともに、当然本図の逆動をも含んだ存在である。

第7章

効果的な稽古法

突技の稽古法

日本拳法の攻撃技の主役は、突きである。相手の攻撃を受けてだけいれば、いつかは打たれてしまう。そのため、受手側は常に突技で反撃できる体勢を身に付けなければならない。

◎後拳直突に対する受手稽古

反撃する基本動作は、仕掛（相手）の顔面部に対する後拳直突を上受し、撃取（受け手）は顔面部に対し直突する。

この稽古を積むと、上受によって反撃できる腰作りが身に付く。これらの動作を体得したならば、左記のごとく上受をせずに行う。

①双方中段の構えで向かい合う。
②仕掛は前寄足し、三歩目で後拳面直突する。

③撃取は三歩、後寄足で後退し、三歩目で半歩後退し後拳面直突できる体勢を作る。
④仕掛が後拳を引くと同時に、撃取は半歩踏み込み顔面部を突く。
⑤今度は撃取であった者が、三歩前進し後拳面直突きに転じる。
⑥両者繰り返し行う。

※仕掛の突きに対して半歩下がり、反撃するときには後足のバネを利かして突く。

仕掛（写真右）は前寄足で三歩目に後拳直突。撃取は、後寄足で三歩後に後拳直突で反撃する。

◎前拳直突に対する受手稽古

仕掛からの前拳での顔面部に対する攻撃を受け躱し、反撃のチャンスに繋げる動作を身に付ける。

この稽古によって、相手から突かれないための体の移動と、反撃しやすいコースを学ぶことができる。

仕掛（写真右）は前拳で面直突。撃取は体捌きして横受し、前拳面突（写真省略）、後拳面突で反撃する。

①双方中段の構えで向かい合う。
②仕掛は、撃取の顔面部に対して前拳直突する。
③撃取は、仕掛の前足側面の左に半歩下がり、後掌拳で横受をする。
④仕掛が突いた前拳を引くと同時に、撃取は前拳直突で左前から反撃をする。
⑤仕掛は半歩下がる。
⑥撃取は、後拳面突または後拳胴突で決める。

蹴技の稽古法

◎待《ま》ち蹴《げり》

揚蹴は下から上に蹴り上げる軌道を通るために、相手からの突き攻撃に対して、合わせて蹴るのに効果が高い。この蹴り方を「待ち蹴」と呼ぶ。

稽古では、前拳直突に対しては、前足で蹴り、後拳直突に対しては後足で蹴り合わす。

待ち蹴は、相手の直突きに合わせる揚蹴。相手の前拳には前足で、後拳には後足で蹴る。

①双方中段の構えで向かい合う。
②仕掛（相手）は、撃取（受け手）の顔面部に前拳直突する。撃取は、その突と同時に前足で揚蹴する（前足で蹴るためには、事前に軸足となる後足に重心をかけておく。前足を後足の膝頭に引き付ける）。
③仕掛は、撃取の顔面部に後拳直突する。撃取は、その突と同時に後足で揚蹴する（後足で蹴るためには、前足に重心をかけておく）。

◎横突蹴《よこつきげり》

①双方の前手同士（左）の4本指を引っ掛けて掴む。
②片方の者が、前足（左）を後足の膝頭に引き付ける（引き付けた前足の膝頭は、相手に向かって開かない）。
③膝頭に引き付けた足の足裏上底部で、相手の横腹を蹴る。

横突蹴の練習法。互いに前手を掴んだ状態で、双方が交互に前足の横突蹴を繰り出す。

④蹴った足は、再度軸足の膝頭に引き付け、床に下ろさず、再びその足で蹴る。

※双方が交互に蹴り合う。なお、蹴るときには肩は水平を保ち、掴んでいる相手の手を若干引き付ける。

◎飛込《とびこ》み横突蹴《よこつきげり》

①双方（A・B）が、前手同士の４本指を引っ掛けて掴む。

②Aが、蹴足（前足）を軸足（後足）に引き付けてから、軸足でB側へ飛び込み、横突蹴をする。

蹴足は床に下ろさず、軸足の膝に引き付けると同時に、軸足を飛び込む前の位置に戻す。

③Bは、Aの軸足が元に戻るのに合わせて、同様に飛込み横突蹴をする。

④続けて、双方が交互に蹴り合う。また、左右両足とも蹴りを行う。

※この稽古は、足のバネと蹴ったときのバランスを養うのに適している。防具稽古においても、間合いが遠間のとき、不意をついて飛び込み蹴り込む。

飛び込み横突蹴の練習法。蹴るときに軸足を相手側に移動させる。双方が交互に蹴りを出す。

想乱撃《そうらんげき》

攻防による相手の動きの変化を想定し、一人で足捌きや突き、蹴りなどを行う稽古。形・基本技法の稽古から、自らの攻撃パターンを確立する。また、相手の攻撃に対する防御（足捌き、受技、躱技）と反撃、さらに腰や肩の捻りや体全体のバランスを研究するなど、技術向上に欠かせない稽古である。

2分間を1セットとし、3～5セット行う。

想乱撃は、シャドーボクシングと同様に、相手を想定しながら一人で攻防動作を行う稽古法。

空乱撃《くうらんげき》（空乱稽古）

お互いに防具を着装せずに、突いたり、蹴ったりするが、相手の身体の手前で止める。なお、防具を着装していないので、体の自由度から組技なども適しているが、その反面、あまり力を加えると顔面部や腹部に当たる危険がある。激しい攻撃はしにくい

空乱撃は、防具を着けずに空撃で行う乱取り稽古。組技稽古にも有効である。

が、防具稽古にない緊張感が高まり、真剣さが増す。

この稽古法を理解し精通すると、余計な力が抜け、お互いの体同士が激しくぶつかり合うことがないのでむしろ疲労が少なく、年長者、女子にも適している。

この稽古で、重心の移動による変化を身に付けることによって、突きや蹴り技のタイミングを覚え、さらには反射動作の養成に適する。

安全性の面から、初心者は相手との間合いをやや大きく取り、手には柔らかいグローブなどを着けると良い。上級者であっても、手の指の保護にパンチンググローブを着けると良い。

拳座《けんざ》稽古

日本拳法協会を創設した森良之祐は、空手などの巻藁に相当するものを「拳座」と称した。

主として本拳による突きの稽古を行う。「拳座」に当てることによって、拳の握り、当てる拳の箇所の認識、手首や肘の締まり、肩・腰の捻り、脚の締めの鍛錬になる。

平行立からの左右の突き（正面突）

中段の構えから、腰を入れて前拳突

中段の構えから、腰を捻って後拳突

拳座の構造

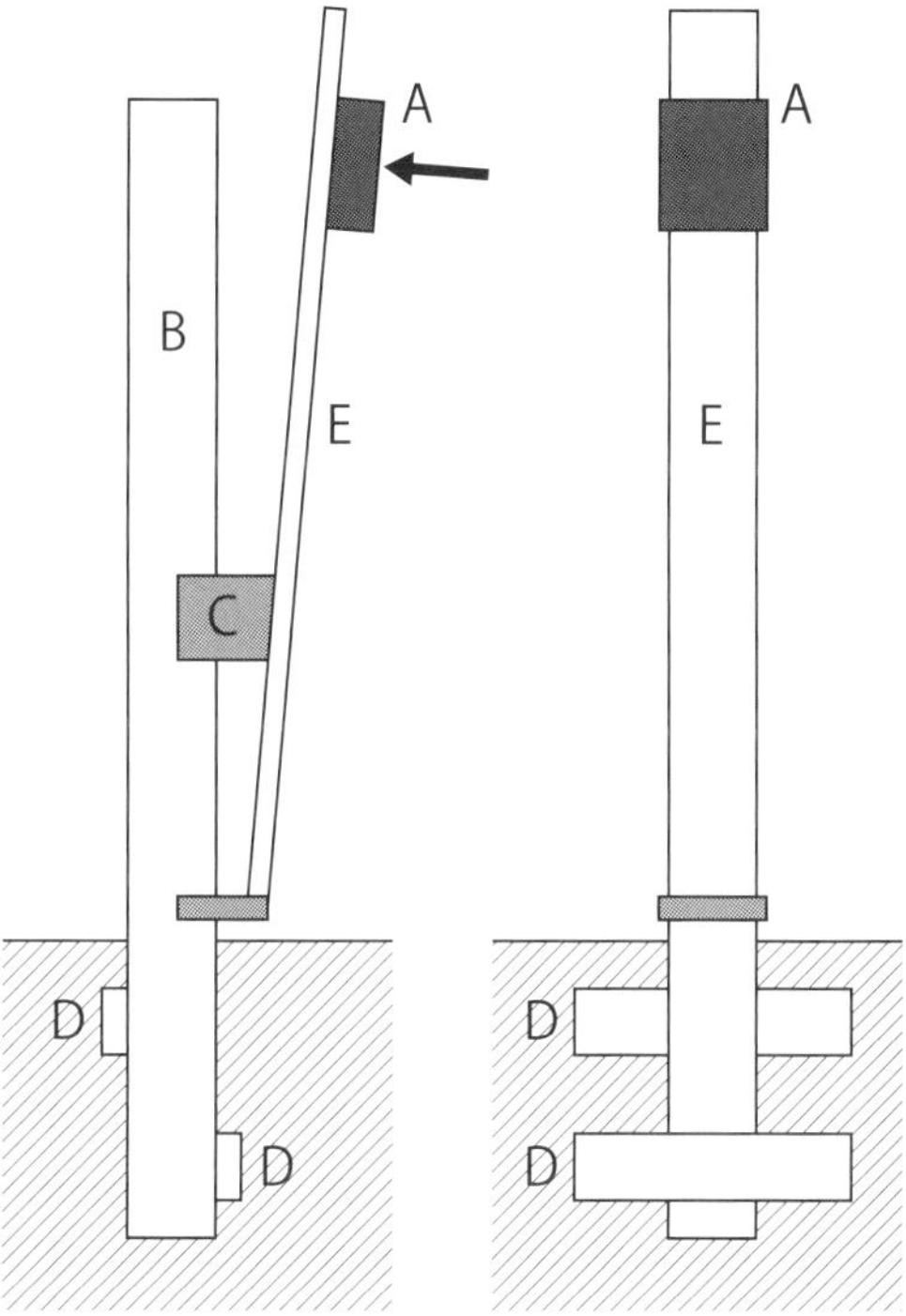

＜拳座の作り方＞

拳座Aはフェルトを厚い布で包む。
Bは、一辺10cm以上の角材を使う。固定箇所のCより上はなくても良い。
Dは地中にてBの固定に役立てる。
Eは長さ125cm前後、幅12cm、厚さ3cm前後の檜板を用いる。
厚さと材質により、Cの位置を上下させて突きの衝撃に対処する。

この「拳座」で拳を突く速さと拳への体重の乗せ方の稽古法は、撃力アップのためには大変大事である。

①自然立、平行立から、左右の拳で交互突き（正面突）を行う。
②中段の構えより、踏み込み前拳や後拳を直突し、突き終わったならば元の位置に戻る（正確なフォーム作りを心がける）。
③突く拳に十分に体重を乗せる（重心の移動を身に付ける）。
④前突きは腰を入れる。後突きは腰を捻る意識を持つ。
⑤右記①〜④では突いた拳をすぐに引かず体重を乗せるが、かたちができ上がったら、その位置から腰の捻りをもって突き、拳をすぐ引く（腰の捻りの切れを覚える）。
⑥腰の捻りによる切れが体得されてから、前拳突、後拳突の二連撃や、四連撃などを修得する。

※拳座は、柔軟性のある板が望ましく、後拳直突きが決まると腰の捻りに応じて、良い響きの音が伝わる。

サンドバッグ稽古

腰の回転をしっかり覚えたら、肩や腕も連動させて突く。

両腕の肘を縛り、腰の回転だけで突く稽古。

サンドバッグを使った稽古によって、基本の技形を整え、突きや横打、上下の打ち分けや強弱をつけたリズムなどのテクニックを身に付ける。さらには打撃力を作るための筋力や持久力を身に付けるなど、打撃稽古には欠かせない用具である。

初期の頃の稽古法として、中段に構え、両腕の肘部分を帯などで縛り、腕を動かなくして腰の回転だけにより、左右の拳でサンドバッグを突く。腰で上手に突くことができるようになったら、腕に巻いている帯を少し緩め、腰とともに肩や腕の動きで突く。この稽古によって腰の働き方を体得する。

形稽古

形は、個々の基本の技形の中から攻防に適した代表的のものを選びだし、模範的に組み立てたものである。

形稽古によって、正確で有効な技を習得できる。

形の稽古の目的は、第一に、基本を正して悪い癖を直すことにある。正確な技を身に付けることによって動作が鋭敏になり、間合いを知ることによって体の運用に伴う攻防力が備わってくるからである。

第二に、気合の充実と精神の向上があげられる。さらに礼儀作法を学ぶことによって人格が養われる。

防具稽古では、相手に応じて自在に変化できる実戦的な攻防を習得する。

防具稽古

防具を着装して自由に撃ち合う。この中に技術の変化を学び、体力を養い、そして個性にあった技法を体得する。ここに日本拳法の武道・新しい格技スポーツとしての醍醐味がある。

防具は、人体のうち最も大切な箇所（急所）を加撃から守るため着用する面・胴・股当と攻撃手拳を保護するグローブから成り立っている。なお、足を保護する表足プロテクターの着装は任意である。

特に、面を着装したときに、顔の大きさに合っていることが大切であり、上達に大きく影響する。

特に防具稽古において、上級者と下級者とで強さに差があるときには、面部に対する強烈な攻撃は加減しなければ、下級者の防具稽古での向上心に悪い影響を与えてしまう。

修練者は、強くなるためには体力的な苦痛などはある程度我慢ができるが、打たれたときの痛みの恐怖心は耐えることは難しい。

日本拳法においては、下の者に稽古をつけるときには、同じ面部を突くにしても拳の握りを軽くし、相手に痛みを与えない工夫をして、修練者の恐怖心を取り除かなければならない。

事故防止について

頭部へのダメージに対しては、十分な予防策と対処法について理解しておかなければならない。特に、脳震盪《のうしんとう》による脳の損傷を避けるよう最大限の注意をしておきたい。

頭部外傷とは、頭のケガ全般を相称した呼び方である。また、脳損傷は、頭部外傷のうち、脳に生じたケガのことで、脳挫傷、急性硬膜下血腫、慢性硬膜下血腫などがある。

脳震盪は、外部から加わった衝撃によって頭蓋骨の中で脳が揺さぶられて起きる。これは、どのような競技でも起こり得る（日本拳法、柔道、ボクシング、サッカー、ラグビー等）。

脳震盪の事例としては、稽古や試合中に、頭部に打撃をもらって倒れる、投げられて頭を打つ、倒されて頭部に打撃を受け床面に後頭部をぶつけたりすると起こり得る。頭部への外力によって意識が変容する（普段と様子が違う）、また意識が消失するケースがある。また、短期間で2回以上脳が揺れるのは、かなり危険である（セカンドインパクト症候群）。

◎予防策

●稽古時に技量差があるとき、面への強い加撃を意識して制御すること。

●倒れた相手の後頭部が、床面に着いているとき、または小さい間隔（30センチ以内）のときは、面部に対して正しい空撃の形をとること（突、膝蹴、踏蹴）。

●修練者の技能程度、体力状態により、過度な防具練習にならないように配慮すること。

◎頭部へダメージを受けた場合の対処法（特に、脳震盪および脳震盪が疑われる場合）

●本人が「大丈夫」と言っても、練習や試合は即中止させること。
●稽古等で脳にダメージを負った場合や、本人がいつもと違う「意識の変容」や「意識の消失」があった場合、すぐに病院受診とCT検査を行うこと。
●24時間から48時間は1人にしないで経過を観察し、何か変化があればまたすぐに病院に駆け込める態勢にする。
●当然ながら、飲酒は厳禁とする。また、目から刺激が多く入るものは、脳が休まらないので禁止（テレビ、スマートフォン、テレビゲーム、パソコン等）。
●脳震盪後、脳の機能回復のため、少なくとも2週間はあらゆるスポーツ活動中止。稽古等への復帰は、医師の許可を取ること。

第8章

水煙の形

形で日本拳法の理合を学ぶ

日本拳法の特徴的な稽古法である乱稽古は、安全性の高い防具を着装して行うことにより、突き、打ち、蹴り、投げ等の技を力いっぱい繰り出すことができる。そのため、実戦に近い稽古を可能としている。その反面、つい力んでしまうことで、粗雑な技術になるリスクも否定できない。

一方、形稽古では、その技の動作を正しく修練することで、技の理合を習得することができる。特に、①精神の錬磨、②正確な当身技の間合いと体捌きの運用、③組打技への変化と技法の習得、について効果的である。

【形演武上の注意点】

①礼法と呼吸法、②構えと目付、③足捌き、④拳足の作り方、⑤受け手技、躱技、⑥当身技の技形と加撃の詰め、⑦当身技の撃力、投技・関節逆捕技における制圧の正確さ・技の効果、⑧形順序と体捌き、動きのリズム、⑨間合と残心。

【形の作法（二人形）】

①歩行は全て摺足で行う。道場中央で5メートル前後の距離にて相対し、位置は上座に向かって右側に「仕掛」、左側に「撃取」が並行して不動立。双方揃って上座に向かって立礼する。次に互いに正対して、相互間の立礼をする。

②踏み出し、中段の構えを取る。

③仕掛の出に応じ、三歩前寄足し、互いの間合から、「仕掛」が攻撃し「撃取」が反撃して決める。互いの間合を詰め、「残心の構え」を取り、呼吸を合わせて後寄足し、元の位置に戻る。続いて次形に入る。

④全ての形の終了後、構えを解き、相互礼。次いで上座へ立礼し、静かに退場する。

「水煙の形」の動作と要点

本章で解説する「水煙の形」は、日本拳法連盟の昇段級審査会において参段以上の受験の形であり、突き、打ち、蹴り、投げ、関節逆捕技を10形で表現している。以降、①が仕掛（最初に攻撃する者）、②が撃取（攻撃を捌いて反撃する者）の動作となる。

不動立、立礼

1．①左面突　↓　②右横受
①右面突　↓　②（右横捌き）左上受、右面突

要点：①右面突を、②後ろ右横に捌き左上受する、その際、左足を右足側へ若干引くことで、右足腰の壁を作り、撃力のある右面突きの態勢を作る。

2.

①左面突 ↓ ②右横受

①右面突 ↓ ②（左横捌き）左横受、右胴突

要点：②左横捌きをする際、右足から捌き、左足を開き入り身し、左横受して右胴突する。

3. ①左面突 ↓ ②後寄足

①右揚蹴 ↓ ②（右横捌き）左掌拳下受、（跳足）左胴横突蹴

要点：②右横捌きして受けることにより、蹴り足の威力を減少させるとともに、右足腰の壁を作り、撃力ある左胴横突蹴の態勢を作る。

4. ①左面外打 ↓ ②後寄足

①右面横打 ↓ ②（踏み替え）左上受・右面横打、左掌拳胴横打

要点：②左右の足を踏み替え、並動円（左回り）で、①右面横打を②左上受すると同時に右面横打し、その後②左手首を内側へ折り、左腰に溜めを作り、お互いの体が横一直線上に重なる位置まで踏み込み、折った手首を返し、左掌拳で胴横打する。

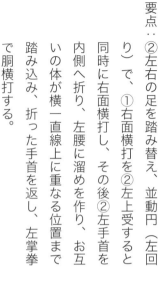

5. ①（継足）左揚蹴
↓ ②後寄足
①右揚蹴 ↓ ②（退身）巴受、右返し揚蹴

要点：①右揚蹴に対し、②半歩下がると同時に後ろ足重心の態勢となり、巴受で①足首を捕らえる。②巴受した手で、①右足を左に開くと同時に②左足に重心を移し、股間部に右返し揚蹴する。

6. ①左面突 ↓ ②後寄足
①右面突 ↓ ②（捻身）右横掛受、肘脇捕

要点：①右面突に対して、②左足を左斜め前に進め、同時に右肩を前に捻り出し、右横掛受する。右足を後ろ回転するように左開身し、①右腕を②左脇下へ巻き込んで抱え、①肘関節を固めると同時に、②両手で①手首を内側に折り曲げ、②右足を若干前に進めて逆を極める。

7. ①右面突 ↓ ②後寄足
①左面突 ↓ ②右横受、膝がらみ、右押さえ込み突

要点：①左面突を ②半歩下がり右横受し、その後②左足を①右足付近に踏み込み、①左足首に②右足の踵を立てて絡ませ、右膝を折り、①左足に体重を乗せる。

7

8

9

8. ①左面外打 ↓ ②後寄足
①右面横打 ↓ ②（右横捌き）左上受、虚車、右押さえ込み突

要点：②左右の足を踏み替え、①右面横打を②左上受し、①手首を捕らえ下方向へ落とす。同時に②右手は①頸部を②親指方向へ巻き込む。

9. ①左面突 ↓ ②後寄足
①右面突 ↓ ②（沈身入身）合わせ倒し、右押さえ込み突

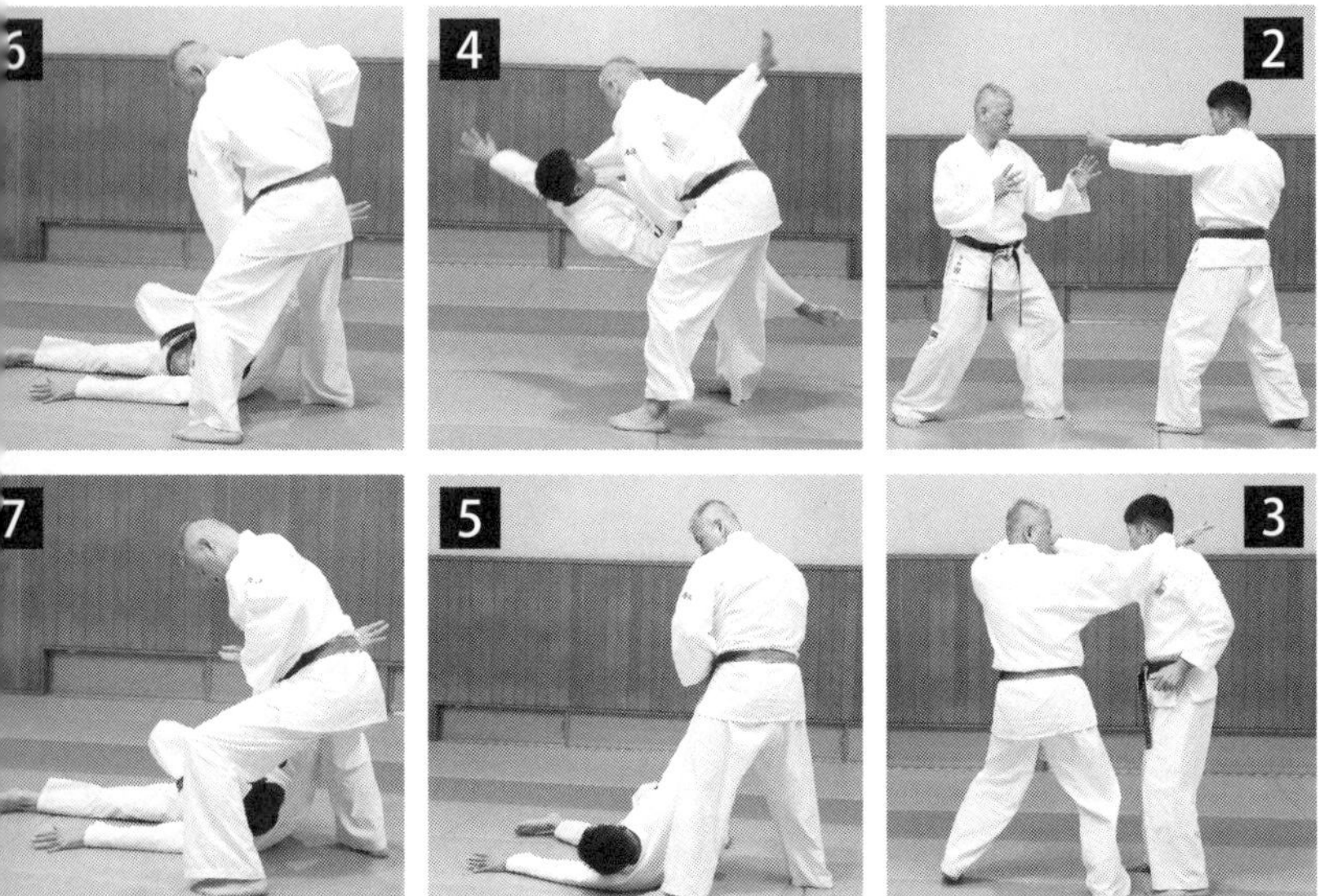

要点：①右面突に対して、②左足を左前方へ進め、左手刀拳で①腰を下に落とし、同時に②右手は①顎を突き上げる。

10. ①右手刀拳面斜打 ↓ ②左真上受、一本背負投、右押さえ込み突

要点：②左真上受し、左手で①右手を引き付け、②右腕を①右脇下へ入れて②右肘部で挟み込み、同時に②右足前回り捌き（両足先を八の字にように開く）、背中を①身体に密着させる。②体を沈め左に素早く捻り、回転させながら腰を跳ね上げる。

不動立、立礼

参考文献
「日本拳法」改訂版　(澤山宗海・著　毎日新聞社)
「拳法教程」(森良之祐・著　原書房)
「日本拳法入門」(森良之祐・著　東京書店)
「日本拳法」絵解　(栈原冨士男・著　櫂歌書房)
「正風」特集第22号　(望月稔　武道養生館館長)
「昭和の武闘伝」(加来耕三・著　芸術社)
「武闘伝」(加来耕三・著　毎日新聞社)
「実戦！ケンカ空手家列伝」(巨椋修・著　複昌堂)
「木村政彦はなぜ力道山を殺さなかったのか」(増田俊也・著　新潮文庫)

澤山宗海宗家

森良之祐最高師範

【特別鼎談】

拳法界の至宝、集結。

WE ARE 日拳 BROTHERS!

～リング上の達人たち～

尾川堅一
プロボクサー
第36代IBF世界スーパーフェザー級王者

土肥豊
日本拳法連盟
首席師範

拳王
プロレスラー
第43代GHCヘビー級王者

元祖 純国産

総合格闘武道の実戦力！

日本拳法とプロ格闘技のリネージ（血統）

ともに"名門"明大拳法部出身、"拳法界の至宝"土肥豊師範の薫陶を受け、
現在はプロレスとプロボクシングの王座獲得者として、リング上にて大活躍している
拳王選手と尾川堅一選手。今回、そんなレジェンド拳法家たちが豪華集結！
ジャンルを超えて実力を発揮しうる日本拳法の歴史と
実戦適応性について、語り合っていただいた!!

写真協力◎日本拳法連盟　取材・文◎加藤聡史

歴史の土台に未来を築く
「日本拳法」温故知新鼎談

警察逮捕術、自衛隊徒手格闘術のベースである日本拳法。現在は大学を中心に隆盛し、過去にはボクシングの渡辺二郎氏やキックボクシングの猪狩元秀氏、長江国政氏、現在ではプロレスの拳王選手、ボクシングでは尾川堅一選手の両王者経験者を擁し、さらには那須川天心選手とRIZINで対戦した中村優作選手、MMA期待の星・木村柊也《しゅうや》選手も日拳出身という人材の宝庫である。

他方、関西・中部地方以外の町道場は少なく、一般の武道・格闘技愛好者が触れる機会は限られている。また実践者でも競技として打ち込んでいる方々は多いだろうが、その発展の歴史や「なぜ西日本と東日本で技術やルールなど諸々の差異が生じたのか？」を知る若い競技者は少ないのではないだろうか。

今鼎談では実力と指導・理論において抜きんでた実績を持ち、日本拳法の歴史の生き証人と言える土肥豊首席師範を迎

拳王　Kenoh

本名：中栄大輔（なかえ だいすけ）。昭和60年（1985年）徳島県出身。3歳より日本拳法を習い始める。高校時代に全日本拳法総合選手権大会〔高校〕（主催：日本拳法全国連盟）で優勝。2003年大学1年生の時に、第43回全日本拳法総合選手権大会〔男子〕を史上最年少で優勝（主催：日本拳法全国連盟）。明治大学では体育会拳法部主将を務める。2005年、大学3年生で第6回日本拳法フランス国際大会優勝。全日本学生拳法個人選手権大会（主催：全日本学生拳法連盟）を連覇（2005年第21回、2006年第22回）。現在は、明治大学体育会拳法部コーチに名を連ねつつ、プロレスラー拳王（プロレスリング・ノア所属）として活躍する。

尾川堅一　Ogawa Kenichi

第46代日本スーパーフェザー級王者。元IBF世界スーパーフェザー級王者。帝拳ジム所属。昭和63年（1988年）愛知県豊橋市出身。父が日本拳法の道場を営んでいたことで3歳の頃から日本拳法を学ぶ。桜丘高等学校、明治大学で体育会拳法部に所属。明治大学主将として東の名門校を全日本学生選手権・団体準優勝に導く。大学卒業後、2009年7月に帝拳ジムに入門。2011年度全日本スーパーフェザー級新人王、最優秀選手賞（MVP）。2015年12月日本スーパーフェザー級王者。2017年12月IBF世界同級王座決定戦で勝利したがドーピング検査で無効試合に。2021年11月IBF世界スーパーフェザー級王座決定戦、タイトル獲得成功。

え、それぞれのジャンルの最前線に身を置く拳王、尾川堅一両選手と日本拳法の歴史から技術まで大いに語らって頂いた。

西と東の日拳、その歩み

―本日は土肥師範から日本拳法の歴史をご教示頂き、両選手からも拳法が各ジャンルでどう活かされているかをお話しして頂きます。

土肥豊@日本拳法

土肥豊師範若かりし日の胴蹴り演武（1971年４月）。その他、土肥師範は青年時代にＴＶ番組の企画にて多人数相手の決闘試合などにも出演し、すべての相手を倒したことも！

土肥　拳法をやっていた人間は異種格闘技に出場し、比較的良好な成績を収め、短期間で活躍できるようになるので、他競技の人たちから徐々に評価されてきている現状があります。それは澤山宗海《むねおみ》宗家がそれだけの素晴らしい技術体系を作ったということです。柔道家であった澤山宗家が格闘を考えた時、突きや蹴りの必要性も考慮して研究し、昭和七年に大阪で創始したのです。同年、宗家自身が関西大学出身でしたので、そこで最初の拳法部が誕生し、続いて昭和十年に関西学院大学に拳法部ができました。その後、大学を中心に広まっていったわけです。

そして関西大の後輩で宗家の教え子でもあった森良《りょう》之《の》祐《すけ》先生という方がいました。当時、東京にはほぼ拳法は知られていませんでしたから、昭和二十八年に東京の方へ普及させたいと要請されたのがその森先生です。九月に上京され、宗家の後援の下、東京で普及活動をされたのですが、上京わずか二ヶ月で、経済的理由にて宗家から東京引き揚げを命じられました。帰阪後、翌昭和二十九年一月徳島支部田村勝美顧問が仲裁に入り、経済的援助なく関東普及を継続することになりました。その後、十一月澤山宗家から技術の伝授、昇段級の允許権など「東京

拳王@プロレスリング

❶第16回東日本大学選手権（2005年・平成17年）にて、強烈な側拳を決める中栄大輔選手（左）。❷現在はプロレスリング・ノア所属の選手〝反骨の暴拳〟拳王として、日本拳法仕込みの打撃技や多彩な関節技で、リング上を席巻中！（※写真提供：プロレスリング・ノア）

名門！
明大拳法部

土肥師範の薫陶を受け、ともに明大拳法部の主将も務めた拳王選手と尾川選手（※尾川選手1年生の時の主将が拳王選手）。この日は第68回 全日本学生拳法選手権大会にて明治大学体育会拳法部が優勝を果たした祝賀会も、本取材後に開催された。

に於ける拳法を一任」されて普及に当たることになったのが関東における拳法の始まりです。拳王こと中栄大輔選手は徳島出身で森先生とは同郷だね。

拳王　はい。徳島は日本拳法が盛んで、自分の家の近くにも道場があり、三歳の時に見に行き「寒いので中入ったら？」と招き入れられてそのまま入門しました。そこから大学卒業まで続けましたね。

土肥　それで大学一年時には全日本で優勝できたわけだな。森先生は地元徳島には早くから道場を作っていましたからね。徳島県内には森先生の系統の道場と関西系の双方が存在しています。尾川君は関西系の道場出身か？

尾川　そうですね。中部地方出身で澤山先生の流れになります。父親が道場の先生だったので、やはり拳王先輩同様三歳

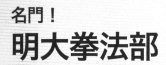

くらいから基本を習ったりしていたようです。当時の記憶は全然ないのですが。

拳王　拳法一家なんだね。

尾川　そうです。母親も三段か四段だったと思います。

体重無差別の戦い、縦拳と横拳

土肥　明治大学の拳法部は昭和二十九年にできました。森先生はアイデアマンだったので独自の考えを盛り込んで関西系との違いも生まれましたが、創設した拳法部は三十大学以上に及び、森先生のおかげで自衛隊・警察にも普及できたのです。その意味で大変偉大な先生でした。そんな歴史も踏まえて、日本拳法をやってきて良かったことはあった？

尾川堅一@プロボクシング

❶第20回東日本大学選手権（2009年・平成21年）にて、相手の面突きに被せるようにカウンターの伏拳を合わせる尾川堅一選手。❷小さい頃からの稽古により変形した尾川選手の拳。❸現在は帝拳ジム所属のプロボクサーとして世界を相手に大活躍中！

尾川　日本拳法は体重制ではないので、拳王先輩のような大きい方と日常的に戦っていくわけです。そのため体重制のボクシングで相手とぶつかっても余裕がありますし、力負けすることもありません。その部分で大きなアドバンテージを持っています。間合いに関してもボクシングは拳法に比べて近いですが、遠間で攻防する拳法の踏み込みはボクシングにもとても有効です。小さい自分が大きい選手に勝つために踏み込みは非常に大事な要素でした。特に日本タイトル前までは多くの部分を拳法のまま戦っていたような気がします。一方で拳法は安全面も考慮された競技ですから、ガードが下がりがちになる点は注意すべきですね。

―尾川選手は「側拳」（縦拳）と「伏拳」（横拳）の違いに関してはどうですか？

尾川　私は関西系だったので伏拳を父親からずっと習って修練してきました。ですから大学の基本練習の時には縦でも打ちましたが、基本的に使うのは横です。関節の連動で食い入るように拳を入れ込みます。長年の稽古の結果、手根骨と中手骨の接合部分が変形してしまいました。

拳王　日本拳法は世間では縦拳のイメージが強くて「縦拳なんでしょ？」とよく人から言われますね。

土肥　日本拳法には蹴りがあるので、ボクシングよりは間合いが遠くなる。その遠い間合いから真っすぐ最短距離を通る直突きを放てば早く当たるわけ。縦拳にすると脇が締まって遠間から伸びのある突きが放てるので、森先生が縦拳にしたんだ。関西系は反身《そりみ》などの躱技を使って関東系より近い間合で戦い、関東系は半歩下がり腰のため（壁）を作って突くという技術体系になっている。どちらが良い悪いではなくケースバイケースだね。だから構えも少し違ってくる。関西系は前後の手が直線状に重なっている。

尾川　そういえばそうですね。関東系は少し開いていますね。

土肥　そう。関東系の動きをする場合は肩を少し開いていた方が楽だし、拳がキレやすいんだ。構えもボクシングのハイガードと比べると手の位置が低いけど、その分、上体の捌きで躱しやすい面もある。だから技術は良し悪しよりもその場面に適したものを考えていくのが大事だね。

基本稽古と防具乱取、適応

土肥　その意味で色んな状況のあるプロレスは各選手の得意に応じて身体作りから変わってくるんじゃない？

拳王　そうですね。腕立て伏せなんかは普通の方たちが聞いても信じられないような回数をやっていますね。五十回を一セットにして毎日三百回とか。

土肥　ボクシングではあまりそういうのはやらないの？

尾川　いえ、今はフィジカルトレーニングが主流になっているので若い選手や海外の選手はやっている人が多いです。私はやっている時期もあったのですが、身体が硬くなっているような感覚があったり、顎を骨折したりしてフィジカルトレを辞めてから良くなったので、今は全くやっていません。

土肥　ボクシング界はそういう感じなんだね。明治の拳法部は他大学より基礎体力練習をやっているようだね。基礎体力は最初の基になる所だから大事だと思うね。私も八十歳だけど、膝着きで腕

❶「側拳（縦拳）」での胴突は、それほど腰を落とさず、上から打ち落とすイメージで突くことが多い（関東系で多用される）。❷対して「伏拳（横拳）」での胴突は、膝をつくイメージで身を沈めながら、軸に対して直角の胴突となる。

❸日本拳法の競技規則では、相手の腰部を自分の胸の高さ以上に持ち上げ静止すると一本となる。

❸ 体制し技の一本

❶ 側拳の胴突

❷ 伏拳の胴突

立て伏せは肩幅で百五十回、狭い手幅で百回、指立てで百回。腹筋も百回、背筋も百回とか上半身だけでもそのくらいはやってるね。後は突蹴や揚蹴とかね。

拳王　凄いですね！　週に何回やっているんですか？

土肥　週に四回くらい。自分のリズムで長年やっているからこそできるんだね。続けることがいかに大事かということだよ。ただ若い頃から無理をしてきて、膝と平衡感覚が駄目になっているから捨て身技ができなくなっています。

―両選手は道場稽古と大学入学後で稽古内容が変わったりは？

拳王　明治に入ってからは基本練習が多いなと感じました。防具を着けない状態での打ち込みなどを相当やっていた印象です。子供の頃なんかは一時間程度の練習でしたが、大学時代は二〜三時間はやっていましたから。その辺りは大きく変わりましたね。

―学生の部活で盛んな防具乱取の長所はどこに？

拳王　やはり全力で突き蹴りの攻防が行える所でしょうね。

土肥　木村柊也《しゅうや》の総合格闘技プロデビュー戦は正に防具稽古の長所を活かした戦い方でした。相打ちになるようなタイミングで見事に打ち勝っていたね。私は総合格闘技の専門家ではないけど、パンチの攻防だけで決着が付けられるのはそう多くはないでしょう。二戦目もハイキックから投げ、そして突きのラッシュで試合を決めて見事だったね。現代の姿三四郎と言ってもいいでしょう。

―今後が非常に期待されますね。総合は裸足ですが、プロレス、ボクシング共にシューズ着用です。その辺りは？

尾川　特に違和感なかったですね。裸足でやっていた拳法時代の方が寒かったり、足の裏の皮が剥けたりで辛かったです。靴の方がグリップが利いて良いと思います。今のシューズは薄いので異物感もないですから。

―日本拳法には摺足《すりあし》のイメージもありますが？

尾川　確かに拳法は「摺足！」と言われるんですけど、全部を摺足で動くとやはり遅いんです。摺足の練習はしますが、ステップインの瞬間は摺足にはなっていないと思います。摺足によって上下動をなくした方が良い動きができるのは確実ですが、間合いを詰めに飛び込む瞬間はステップしたり、使い分けは永遠の課

木村柊也@MMA

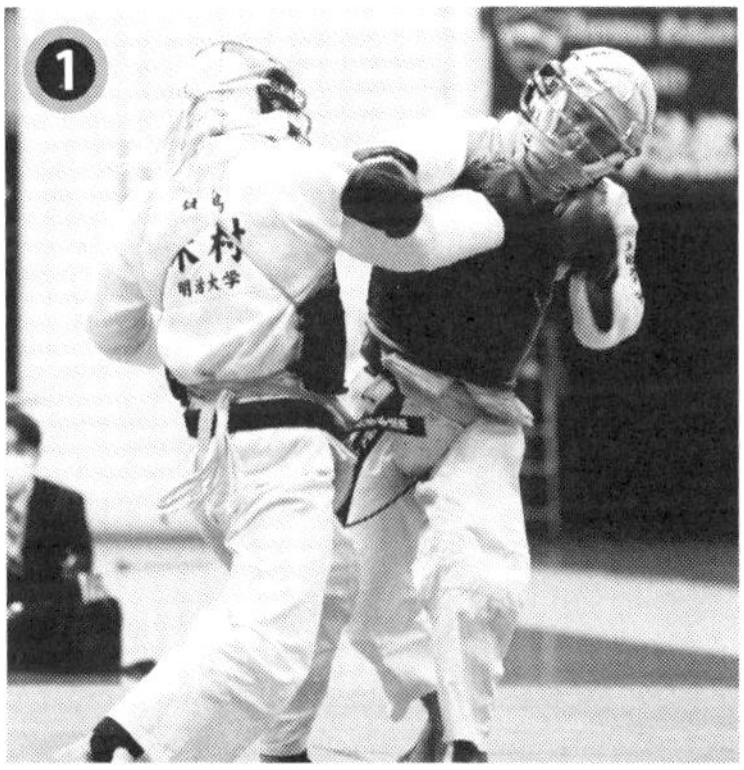

❶史上最強の日本拳法家との呼び声も高い木村柊也選手も明大拳法部出身。本座談会に参加予定も当日体調不良のため残念ながら欠席。写真は全日本学生拳法選手権にて（2020年、大阪）❷日本拳法総合選手権大会（2019年、大阪）を制した際。❸現在はBRAVE所属のプロ総合格闘家として注目を集めている。

題です。

つながる打・投・極の技術

土肥　澤山宗家は素晴らしい体系を作られたんだけど、結局はそれを練習するかしないか、さらにはどう練習するかだよね。

尾川　無差別で小さい選手が勝つには踏み込みが重要です。基本練習の時から常に踏み込んで練習をしていました。対人だと思うように動けないこともありますが、基本は繰り返しできるので。明治での拳王主将が組んだ稽古メニューでは三時間の練習のうち、二時間基本をやっていました。父の道場でも二時間の練習のうち一時間から一時間半を基本に当てていました。ですから私が主将になった時も基本と打ち込みを重視した練習メニューを組みました。

—拳王選手は幼少時からプロレスラー志望だったそうですが、投げや関節の稽古に力を入れたりは？

拳王　いえ、自分もパンチ中心のファイトスタイルでしたね。学生時代に関節の練習とかは全くやっていませんでした。やはり拳法のルールでは勝つ確率が立ち技の方が高いだろうと思っていました。

—一方で打撃をほぼ出すことなく投げからの押さえ込み突で全日本を六度制し、最近引退された選手もいましたね。

尾川　自衛隊の秋葉洋一選手のことですね。やはりそこの部分に特化した強味というのがありましたよね。

拳王　いやー、秋葉選手は強かったね。我々が学生の時に柔道やレスリングから転向して明治大学に練習に来だしたんですよ。

尾川　最初は本当に組みだけが強くて、打撃に関しては隙も結構あったんですよ。

拳王　しかし、見る見るうちにパンチを躱す技術も向上しましたね。全然打撃が当たらなくなっていったんです。

尾川　パンチの威力を殺す技術をどんどん身に付けて一見、組みだけで戦っているように見えるんですが、「貰わない技術」や「相手に打撃を出させた隙に組む技術」が非常に高度で、自分が四年の頃になるととんでもない強さになっていました。この辺りは実際に対峙しないと中々伝わらないと思います。

――「拳法じゃない」とか色々批判もされたようでしたが、実際は相互に技術が向上する好循環が生まれていたんですね。

秋葉洋一@自衛隊

2018日本拳法総合選手権にて、柔道やレスリング経験を日本拳法の試合で活かし、首投を打つ秋葉洋一選手。

尾川　そうですね。絶対に負けまいと互いに切磋琢磨した結果、こちらは投げられないよう一矢報いる方法を研究しますしね。最終的には秋葉選手はボクシングのクロスアームブロックのように両腕で打突部位を覆い、フェイントを掛けつつ摺足より速い歩み足で間合いを詰めて来たりと進化を遂げていました。歩み足は今、自分のボクシングにも取り入れてますよ。

道場で磨かれる人間性

―正に総合武道競技である日本拳法の面目躍如ですね。最後に日本拳法の武道性や今後のそれぞれのキャリアなどについてお願いします。

土肥　最近の社会では「セクハラ」や「パワハラ」などの言葉が流布していて常に言葉を選ばなければなりません。しかし突き詰めていくとその人自身の人間性に尽きると思います。弟子を強くしたいと言葉を掛けるんでしょうが、そういう思いが感じられないような違う方向に向かってしまうからそのような問題も起こってくるのでしょう。日本武道には古来から培った素晴らしい精神性がありますから、それらを学校教育に取り入れて人間性を涵養すればまた変わってくると思いますよ。

拳王　プロレスはそもそも選手寿命が長いジャンルではありますが、健康第一で長く現役生活を続けていきたいですね。よく食べよく寝る。「秘伝」読者にも高齢の人はいると思いますが、とにかく〝運動は大事〟ですよ。運動で代謝を上げること。そんなところです。

尾川　日本拳法は精神性や礼儀も学べて子供から始めるには非常に良い武道ですよね。でも東京周辺に道場が非常に少ないので……もっと東京で普及していけば身近な武道になると思いますし、そこから我々のようにプロになる子も育つので、道場が増えていって欲しいですね。自分で作るのも有りかなとは思っています。先輩一緒にどうですか（笑）。

—実現すれば大変な話題になりそうです。本日はありがとうございました。

◉日本拳法連盟　http://www.nipponkempo.jp/
◉明治大学体育会拳法部　https://www.meiji-kempo.com/

この取材の模様の一部をWEB秘伝「動画ギャラリーコーナー」にて公開中。左記からアクセス。

おわりに

日本拳法は、創始者の澤山宗海宗家が、お互いに自由に突いたり蹴ったりするのに安全性に適した防具を開発することにより、従来の形稽古から脱皮し、防具着装による乱稽古が可能となり、さらに競技化された歴史があります。

振り返ると、形稽古は実技において不合理であると決めつけて、現存する形に対する稽古がおろそかになった時期もありました。それではいけないと、東京を中心に技術普及の一任を受けた森良之祐先生は、早くから昇段級審査会に自ら創作した形を取り入れました。

審査を受験する団体や個人においても、形への意識レベルは分かれました。受験時の形審査に合格さえすれば良いという程度の認識しか持たない者も多数いました。そのため、形の技術向上に結びつかず、防具実技に反映されないために、さらに形稽古から離れてしまうという現状でした。

日本文化を直視すれば、一口に言えば「型文化」であり、形は生活に溶け込んでいます。人の交わりは礼に始まり、しかも心の部分は、形の中に溶け込んでいなければなりません。日本人は古来より、心と身体を融合させる文化を持っています。

人の話を聞くときは相手の目を見なさい。また、ご飯を食べるときには、手と手を合わせ「頂きます」と言って、お米を作ってくれた人に感謝しなさいと、よく親は子供に教えました。

私は長年指導者として拳法に携わったおかげで、西洋の格闘技と、日本に昔から伝わる柔術や武道文化の技術体系の違いなどにも目が向きました。

私なりに紐解いてみますと、日本人は欧米諸国の人々と身体の大きさなどを比較すると小さく、さらに姿勢も猫背気味です。歴史的に竪穴《たてあな》住居で暮らした時代が長く、食糧の確保も、相対的に動物性蛋白質は摂取せず、稗《ひえ》や粟《あわ》などの穀物類が多く、身体パワーが付きにくい生活様式でした。

農業では人数が必要なために、お互いに田畑を協力して作業を助け合いました。さらに、日本列島は周りが海に囲まれているためか、独自の生活文化を持ち、茶道なども狭い部屋で自分が目上であっても対等な立場でお互い道を極め合ってきました。このように背伸びせず、小さな文化で生活してきたのです。

一方、ヨーロッパ大陸は広く、いろいろな民族が集まり、牧畜民は広大な土地で、一面に草が生えている草原を見つけ移動しておりました。さらに狩猟民も道具を持って鳥獣を捕えるために飛び回り、そのために他国との境界線を犯し、国境を巡って闘いの歴史も長く続いております。

肉食による動物性蛋白質を中心にした民族は、身体の大きさに恵まれており、戦いに適する骨格などに反映されてきました。

さらに厳しい自然環境の中からいろいろな宗教も盛んになり、時には宗教戦争も起こりました。命を懸けた戦いが続く中、己自身を強く見せるために胸も張り姿勢も良く、日本人と比較すると大きな肉体に恵まれ、遺伝子にも反映する民族になったのではないかと思われます。

西洋が生んだ格闘スポーツであるボクシングやフェンシング、また芸能もダンスやタップダンスなど、「リズム」で表現しています。

一方で、小柄なわが民族は、西洋のリズムに対して「静」の動作で、「間」を大切に表現しました。格闘技や芸能など現実の動きを直視しますと、相撲、柔道、剣道、合気道などの格闘技をはじめ、歌舞伎や能、狂言、日本舞踊など、下半身は摺足で表現します。

西洋人と比較すると華奢な日本人は、空手や日本拳法のような突き技で倒すには、後ろ拳突きはなるべく溜めをこしらえて、一撃で相手を倒すことを心がけます。その影響か、日本拳法の試合では三本勝負法を採用しています。

日本人と比較すると体の大きい西洋人は、リズミカルに拳などを振り回して、当たれば相手が倒れるところからも、体の使い方や競技ルールが大きく違います。

このように、日本人は日本人に適した闘い方を日本拳法を通じて学ぶことで、持てる能力を存分に発揮できると考えます。このような事柄も、稽古に取り組む中で体感してもらいたいと思います。


この度の出版に当たり、このような機会を与えてくださった（株）BABジャパンの代表取締役・東口敏郎様と編集担当の森口敦様、同社『月刊秘伝』の小川敬司様に心より感謝申し上げます。

日本拳法連盟首席師範　土肥 豊

著者◎土肥 豊 どひ ゆたか

日本拳法連盟首席師範、警視庁日本拳法クラブ技術顧問、自衛隊体育学校外部講師。昭和19年（1944年）東京都出身。昭和35年、16歳で日本拳法を始める。厳しい修行と熱心な研究によって、全日本選手権を制するなど数々の大会で顕著な成績を収める。日本拳法を代表する選手として長年に渡り活躍し、全国各地での演武やテレビ出演など、日本拳法の普及活動にも力を注いだ。現在も青葉拳友会で後進の指導に精力的な活動を続けている。

日本拳法連盟公式ウェブサイト
http://www.nipponkempo.jp/

写真撮影 ● 中島ミノル
本文デザイン ● 澤川美代子
装丁デザイン ● やなかひでゆき

強い！日拳　日本拳法を学ぶ

乱取りで身に付く！　突き蹴り、投技、関節技

2024 年 7 月 10 日　初版第 1 刷発行

著　者　　土肥豊
発行者　　東口敏郎
発行所　　株式会社 BAB ジャパン
〒 151-0073 東京都渋谷区笹塚 1-30-11　4・5F
TEL　03-3469-0135　FAX　03-3469-0162
URL　http://www.bab.co.jp/
E-mail　shop@bab.co.jp
郵便振替 00140-7-116767
印刷・製本　　中央精版印刷株式会社

ISBN978-4-8142-0631-5 C2075